Luiz Augusto Dzis

DISSIDÊNCIA

*Sobre o processo de ruptura
nos grupos humanos*

Página do autor: www.amazon.com/-/e/B013ZQDZ0W

Copyright © 2005 – Todos os direitos reservados

Dedico este pequeno livro àquelas consciências que, de suas vidas, fazem uma ode ao pluralismo de idéias e vivências.

"Eu não vim trazer a paz, mas a espada." (Luc XII, 51)

ÍNDICE GERAL

INTRODUÇÃO   05

PARTE I   -   ORIGENS   08

1.1   Definição de dissidência
1.2   Tipos de dissidência:
       . Natural (biossocial)
       . Histórica
       . Ideológica
1.3   Enfoque consciencial

PARTE II   -   MECANISMOS   30

2.1   Grupalidade
       . Indivíduo e grupo: lados de uma só moeda?
       . Até que ponto um grupo é eficaz para o autoconhecimento?
       . A questão da liderança
2.2   Paralelo entre os períodos de uma existência individual e grupal
2.3   Agravantes contributivos para a dissidência

PARTE III - IMPLICAÇÕES 63

3.1 Dissidência: aspectos qualitativos

. Minidissidência

. Dissidência linear

. Maxidissidência

3.2 Princípios Pessoais Emancipadores

3.3 Gregarismo ideológico-institucional *super*valorizado: *fase* do auto e heteroconhecimento

Epílogo

Abreviaturas e Siglas

Bibliografia

Estrangeirismos

INTRODUÇÃO

A verdadeira filosofia é reaprender a ver o mundo.

Merleau-Ponty

Dissidência. Por que Aristóteles divergiu de Platão? O que levou Jung a separar-se de Freud? Por que ocorrem tantos *cismas* nas religiões e *rachas* nos partidos políticos?

Afiliação. Por que nos afinizamos com o sistema de conhecimentos e vivências de um grupo específico? Quais os reais motivos que levam à afiliação - e *posterior abandono* - a todos os tipos de egrégoras e instituições no transcurso da nossa existência? São questões pertinentes, sem dúvida, aos interessados na compreensão da interdependência consciencial.

Pesquisa. O autor, após uma série de experiências com instituições e grupos organizados (ligados ao Catolicismo, Materialismo, Orientalismo, Rosacrucianismo e Conscienciologia) num típico "borboletismo", sentiu-se impelido a pesquisar detalhadamente o que se convencionou chamar de dissidência.

Grupalidade. Este livro, entre outros motivos - pois não sabemos o alcance e utilidade que um escrito possa ter - originou-se da necessidade do autor em entender com mais clareza e discernimento a dinâmica da grupalidade, principalmente no que tange aos mecanismos de permanência ou não do indivíduo inserido em algum grupo social, seja este místico-religioso, político-econômico ou científico-filosófico, e nas consequências pessoais e sociais advindas da problemática dissidente.

Instrumentos. Foi utilizada a seguinte instrumentabilidade de investigação:

1. Exercício prático da grupalidade (convívio em vários grupos).
2. Exercício teórico da grupalidade (pesquisa bibliográfica).
3. A inevitável autopesquisa, tentando atingir a maior imparcialidade possível na análise do próprio universo íntimo.

Alteração. O enfoque básico é o estudo da dissidência vista como uma alteração do padrão psíquico, onde a consciência retraça seus princípios pessoais e prioridades e que pode ser - em relação ao grupo no qual a mesma atuava e no momento em que ela acontece - a maior (maxidissidência), paralela (dissidência linear) ou a menor (minidissidência).

Ótica. São analisados aqui, além da contribuição sóciopsicológica acadêmica, fatos e idéias que extrapolam o viés do materialismo cientificista. Procurou-se agregar uma ótica mais abrangente, considerando a multidimensionalidade e pluriexistencialidade[1] inerentes à consciência, conforme preconizam as filosofias e ciências de caráter consciencial.

Interdependência. Principalmente em seus primórdios, o auto e heteroconhecimento percorrem um caminho de mão dupla, um sendo continuamente balizado pelo outro. Daí a necessidade de um estreito convívio ideológico-grupal e o inevitável esclarecimento do *modus operandi* das interações conscienciais relativas a esse nível.

---

[1] Segundo Vieira, multidimensionalidade seria as dimensões que a consciência pode se manifestar, quer físicas ou não; pluriexistencialidade, condição das várias existências físicas nas quais a consciência experiencia os mais diversos ambientes culturais e condições sociais, necessários para sua evolução. Sinônimo envilecido: reencarnação. Ver *700 Experimentos da Conscienciologia* (Vieira, Waldo).

Diálogo. Aludindo à Escola de Frankfurt, um ensaio representa um feixe de relações; o cenário do que a percepção consegue abarcar. Deve instigar ao diálogo ao invés de arrogantemente impor algo acabado (aonde, geral e grotescamente, tenta-se direcionar as conclusões num sentido único).

Crítica. Toda crítica - inclusive originada da *intelligentsia*, tanto de caráter dialético quanto verrinista - com relação aos temas e enfoques abordados neste volume será bem-vinda e antecipadamente fica aqui registrada a minha gratidão.

Intenção. Espero, com este *livro fácil*, contribuir na tentativa de descrição de alguns aspectos deste contínuo e fascinante enredo: a consciência.

PARTE I - *ORIGENS*

1.1 DEFINIÇÃO

Questão. O que vem a ser dissidência?

Definição. Literalmente, dissidência, dissensão ou discordância é a parte de um grupo ou partido que se separa deste por divergência de opiniões. Dissidente é todo aquele que discorda dos juízos de outrem ou da opinião geral; membro da dissidência. Outros sinônimos: cisão; cisma; ruptura.

Etimologia. Etimologicamente, dissidência deriva do latim *dissidentia*, que significa dissentir ou sentir diversamente; antagonizar; desacordar; desavir-se; descoincidir; descombinar; discrepar; dissociar; divergir.

Deserção. É importante diferenciar dissentir de desertar. Desertora é aquela pessoa que se ausenta, se abstém, foge ou se afasta de algum grupo específico ou tarefa as quais sabe que é responsável, sem dúvidas íntimas e questionamentos cruciais quanto aos mesmos. *O desertor é um exemplo de autocorrupção.*

Dissidente. Já o dissidente, por várias razões, as quais serão analisadas na 2ª parte do livro, entra em choque com conceitos e/ou procedimentos essenciais do grupo em que participa, resultando assim na sua auto - e muitas vezes - heteroexpulsão, implicando ou no seu simples afastamento (se for um caso isolado) ou na formação de um novo grupo (se a dissidência for em bloco, isto é, contar com outros membros do grupo original).

Revolução. Um sinônimo de dissidência - considerada como uma alteração de padrão - é a revolução, sendo esta uma ruptura com a organização social vigente, com as condutas aceitas como éticas ou com o modo tradicional de pensar, sentir e agir. Seria o *devir* paradigmático.

Tradição. Um antônimo da revolução é a tradição, que tem a mesma raiz da palavra *traição*. A tradição muitas vezes pode se comportar como uma traição contra o que é novo; um sinônimo de neofobia. Lembremo-nos, porém, que nem tudo que vem do passado não presta, bem como nem tudo que a prospectiva nos mostra é positivo. O misoneísmo é errado. O filoneísmo também.

Antonímia. Antônimos de dissentir: acordar; concordar; confluir; conformar; convergir; harmonizar.

Valor. Como veremos, nem sempre a dissidência é negativa. Por exemplo: de que adianta estarmos "harmonizados e unidos" aos nossos defeitos, a algum grupo que pratica o indefensável (máfia) ou mesmo àquele grupo que percebemos de forma clara e pacífica termos encerrado o ciclo de estreita convivência física / ideológica (gregarismo ideológico-institucional), sendo os conceitos de *confraria* e *fraternidade não-circunscrita* mais bem entendidos e ampliados?

1.2 TIPOS DE DISSIDÊNCIA

Tipos. Após definirmos dissidência, podemos analisar os seus vários tipos. Tipos de dissidência? Aparentemente pode soar estranho, mas vista sob um prisma de mudança ou transformação de padrões estabelecidos - num processo indutivo - a dissidência torna-se passível de sistematização, podendo ser classificada conforme sua fonte:

I. DISSIDÊNCIA NATURAL (biossocial)

Natureza. A natureza - o mundo puramente objetivo - contém inúmeros exemplos que caracterizam adequadamente mudanças de padrão. O conhecido refrão de Lavoisier "na natureza nada se perde nada se cria, tudo se transforma" tem raízes, certamente, nos conceitos de Heráclito os quais assemelham-se aos preceitos taoístas, ou seja, em diferentes épocas e culturas ficou evidente a percepção das contínuas alterações que ocorrem no meio-ambiente, nos grupos sociais e, consequentemente, nos indivíduos neles inseridos. A necessidade de adaptação dos seres, portanto, sua mudança de padrão, é um fato. Darwin foi o primeiro a constatá-lo cientificamente.

Transcendência. Para atingir plenamente novas etapas na hierarquia evolutiva, a consciência necessariamente transcende o padrão das precedentes.

Foguete. Uma possível analogia disso seria com o lançamento de uma nave espacial: no início são usados foguetes auxiliares, e à medida que a nave vai subindo (evoluindo em altura), aqueles, após cumprirem sua tarefa (programação), são descartados.

Filhote. Um exemplo simples de dissidência natural é a saída do filhote do ninho e gradativamente a perda da proteção dos progenitores. Descortina-se ao mesmo um novo e vasto mundo, cheio de possibilidades e perigos inerentes à própria vida. O filhote, por livre e espontânea "pressão", passa a ser responsável pelo próprio destino, e em relação a sua confortável condição inicial (berço esplêndido), fica defronte a um novo padrão de existência, no caso, sobrevivência.

Morte. Outro exemplo seria a morte biológica. Por mais paradoxal que seja, mas a verdade é que o corpo mal nasce e já começa a morrer. A moderna Biologia constatou que no período de 158 dias todas as células do organismo humano - salvo as neuroniais - são substituídas por outras. Nascer, desenvolver-se, envelhecer e morrer. Partes bem definidas do ciclo da vida corpórea, demonstrando que o próprio organismo é um autodissidente. *À natureza não apraz a estagnação.*

II. DISSIDÊNCIA HISTÓRICA

História. A História está repleta de episódios de dissidência que acarretaram alterações profundas na organização social, na cultura e no modo de viver da sociedade. O processo histórico, pode-se afirmar, está erigido sobre as diversas mudanças verificadas nos diferentes povos e países. A História, qual a consciência, não é estática, mas dinâmica. Platão, em *A República* - antecipando o inconsciente coletivo junguiano - expõe a idéia de que a *psyche* individual reflete a História e é pela mesma refletida. Da pedra lascada ao satélite artificial, o ser humano está sempre buscando entender e expandir sua realidade.

Molas. Sob determinado enfoque, o desenvolvimento histórico, semelhante ao individual, tem sua trajetória em forma de espiral e não em forma meramente cíclica ou circular. Se em determinados momentos parece não haver progresso, essa percepção errônea é devido ao desconhecimento de que, igual a um sistema de molas sendo contraído - concentrando energia potencial para um grande impulso - há épocas talvez "não muito positivas" que precedem outras plenamente enriquecedoras. Exemplificando: nas profundezas do obscurantismo medieval[2] germinava a bela semente do Renascimento que, literalmente, veio banir a ignorância crassa que assolava a tradição judaico-cristã. Um outro exemplo mais recente deste fato é a Segunda Guerra Mundial, período extremamente hediondo em inúmeros aspectos, mas que alavancou bastante a ciência e a tecnologia. O princípio da compensação - ganha-se de um lado, perde-se de outro - ficou aí bem caracterizado.

Períodos. O Ocidente, didática e cronologicamente, dividiu a História em 04 períodos: antigo, medieval, moderno e contemporâneo. O que foi considerado para se chegar a essa divisão? Foram justamente aquelas injunções que demarcaram uma alteração de padrão ou ruptura significativa (*dissidência*) de uma época à outra. Vamos a elas:

*

Evolução. No período antigo, constata-se a agricultura e a escrita como as práticas principais que fizeram a humanidade sair da pré-história, transformando radicalmente sua realidade.

Civilização. Com a agricultura - a 1ª onda, segundo Alvin Tofler - o homem deixou o nomadismo, passando a se fixar numa área específica. As famílias e os clãs formaram-se, resultando assim num crescente intercâmbio inter e extragrupal. Isto acabou fomentando a criação da escrita (origem da cultura) e o início das civilizações.

*

Roma. Em 476, com a queda do Império Romano do Ocidente - deposição de Rômulo Augústulo - termina o período antigo e tem início a Idade Média. A autoridade

---
[2] Pós-Tomás de Aquino

imperial deixou de existir. O poder descentralizou-se, tendo os povos adquirido autonomia, requisito para qualquer desenvolvimento ulterior. Isso possibilitou a formação de vários reinos (Ostrogodos, Francos e Visigodos foram os principais), cada um deles evoluiu de forma diferente dando lugar às monarquias européias.

Liberdade. O Império tornou-se um paquiderme, ao final "devorado" pelos germânicos, ditos bárbaros. Livre do jugo romano, os reinos puderam fortalecer seu idioma, sua cultura e também estabelecer outro tipo de estrutura social, o feudalismo.

*

Idade Moderna. O ano de 1453 marca o fim da Idade Média e o começo da Moderna com a tomada de Constantinopla pelos turcos otomanos. As principais mudanças sócio-culturais desse período foram:

1. Fim do Feudalismo

Síntese. Numa síntese histórica, com relação à tese (período antigo = Roma = centralização total) e a antítese (Idade Média = senhores feudais = grande descentralização), as monarquias européias, aliando-se à recente burguesia urbana, começaram a impor sua autoridade modificando a geografia política da Europa, a qual havia se transformado numa autêntica "colcha de retalhos".

2. Advento do Renascimento

Mudanças. Em virtude da invasão otomana, a burguesia européia viu-se obrigada a buscar novas rotas comerciais, possibilitando a descoberta de outros continentes (América) e a comprovação da esfericidade da Terra. Isto, juntamente com a invenção da imprensa e a descoberta da bússola e da pólvora, gerou muitas mudanças na economia, e consequentemente, em toda a sociedade.

Renascimento. Para auxiliar na compreensão dos novos fatos, os europeus voltaram sua atenção ao pensamento clássico greco-latino, os quais não haviam sido completamente esquecidos. Assim teve início o Renascimento, uma das épocas mais "geniais" (formadora de gênios): Leonardo da Vinci foi um dos personagens ilustrativos do ideal renascentista-humanista, ou seja, reunir num mesmo indivíduo um grande cientista e um grande artista.

Marco. O que marcou mais para o progresso histórico foi a intenção do Renascimento de desenvolver no homem o espírito crítico, a plena confiança em suas possibilidades e a liberdade de pensamento, duramente reprimidos na época medieval.

Catarse. O Renascimento foi uma profunda catarse de toda a Europa, nada mais sendo que o somatório das catarses individuais da época.

Imprensa. Muito contribuiu para a difusão do Renascimento a invenção da imprensa por Gutenberg, facilitando a divulgação de textos e idéias com bastante rapidez (qualquer semelhança com a atual *internet* não é mera coincidência).

3. Reforma

Erasmo. Erasmo de Rotterdam, autor de *Encomium Moriae (Elogio da Loucura),* onde exalta a tolerância e a liberdade de pensamento, atacando em cheio o dogmatismo escolástico, contribuiu deveras na gênese reformista. A intermediação entre Deus e os homens - via catolicismo - começara a declinar.

Lutero. Um exemplo clássico de dissidência histórica foi a Reforma protagonizada inicialmente por Martinho Lutero em 1517. A Igreja Católica, abalada havia 1 século pelo grande cisma do Oriente e por vários motivos (inquisição; desprestígio da hierarquia eclesiástica; exacerbada secularização), chegou aos estertores do bom senso com a venda das indulgências. Fora o *canto do cisne* da sua integridade, tanto moral quanto institucional. O monge alemão foi o grande divulgador do sentimento de insatisfação dos fiéis perante o clero. Lutero, *dissidente histórico, epicentro de dissidências coletivas.*

*

França. No reinado de Luís XVI, em França, a teoria do direito divino passou a ser duramente contestada. Isso, junto com a crise financeira e a inexorável tensão social, deu força as idéias contidas na *Enciclopédia*, dos iluministas D'Alambert e Diderot, os quais propunham que a lei e a vontade popular tinham soberania sobre a vontade real.

Idade Contemporânea. Assim, em 1789 teve início a Revolução Francesa, considerada a linha demarcatória entre a Idade Moderna e a Contemporânea. O que podemos aproveitar deste período - onde, por sinal, nos encontramos - para o nosso estudo sobre dissidência histórica?

A ver:

1. **Iluminismo.** Herdeiro do Renascimento e advindo do racionalismo e do empirismo, o Iluminismo (em inglês,

enlightenment: esclarecer), tinha como núcleo o uso da razão. Os objetivos do homem eram o conhecimento, a liberdade e a felicidade. Era totalmente contra o dogmatismo, exortando as pessoas para que *pensassem e julgassem por si próprias*. Muito contribuiu para isso a portentosa *Enciclopédie*, contendo artigos e ensaios de vários pensadores e especialistas. Hume, Montesquieu, Voltaire e Rousseau foram os principais precursores do Iluminismo.

2. **Democracia**. *Liberté, Igualité, Fraternité*. Do slogan trinominal da Revolução Francesa, o primeiro termo foi o que mais emplacou no mundo ocidental, tendo como propulsora a independência dos EUA. O destino das nações deixou de ser assunto apenas da minoria aristocrática (monarquia), passando a ter a *possibilidade* de ser *debatido* por toda a sociedade (república), ainda que Ranciére[3] frise o "escândalo" do povo em querer se expressar.

3. **Revolução Industrial**. No final do século 18, a Grã-Bretanha alavancou em muito o processo de fabricação na Europa, com técnicas e máquinas inovadoras, as quais fizeram surgir a grande indústria moderna, principal base econômica dos países desenvolvidos por 200 anos. Na geopolítica capitalista, "desenvolvido" é aquele país "industrializado".

4. **Capitalismo e Socialismo**. O Capitalismo moderno, produto da Revolução Industrial, até o início do século XX parecia ser o único sistema econômico que efetivamente os países ado-tariam. Todavia, o Socialismo - capitaneado pelas idéias de Marx e Engels - deixara de ser apenas o "fantasma que assombrava a Europa" para, em 1917, instalar-se na Rússia sob uma de suas formas, o Comunismo. Por 07 décadas houve uma cisão (dissidência) no plano político-

---

[3] *O desentendimento* (ver bib.)

econômico mundial. De um lado os capitalistas-imperialistas (EUA e Europa Ocidental), de outro os socialistas-comunistas (URSS e China). Aparente e principalmente a partir de 1989, com a queda do muro de Berlim e a desfragmentação da URSS, a tese (Imperialismo) e a antítese (Comunismo) oxalá desdobrar-se-ão na síntese (Social-Democracia), sistema do *Welfare State*, já implantado com sucesso - vide o alto padrão de vida - em muitos países europeus, tais como Suécia, Dinamarca e Holanda. Além disso, caminhamos a passos largos rumo ao Estado Mundial como consequência inexorável do processo de globalização.

5. Era da Informação. Com o surgimento dos *personal computers (PCs)*, as pessoas puderam acessar um volume de informação cada vez maior e de forma mais rápida. Conhecimento é poder, portanto, quanto mais informada - leia-se informatizada - uma sociedade, maior o seu desenvolvimento tecnológico. Segundo Alvin Tofler, vivemos hoje a 3ª Onda - a 1ª foi a Agricultura e a 2ª a Revolução Industrial - chamada de Era da Informação, que está revolucionando a atividade humana em todos os setores. Hoje, uma criança tem muito mais informação do que possuía um ancião medieval. O conhecimento duplica-se em poucos meses, devido principalmente à *internet* (uma revolução dentro da revolução). *Gutenberg deu o start, Bill Gates contribuiu, e agora – via WWW - podemos interagir com o mundo de dentro da nossa alcova.*

III. **DISSIDÊNCIA IDEOLÓGICA**

"Dois não podem andar juntos se não estiverem de acordo." (Amós, 3:3)

Singularidade. As pessoas, mesmo vivendo em grupo e por maior que seja o poder de homogeneização deste, são únicas,

17

individualíssimas. Cada consciência tem uma existência, uma condição mesológica, um *karma* e um caráter diferente. A riqueza da espécie humana se dá justamente pelo grau de diferenciação dos seus membros. Dois leões não são muito distintos, mas dois seres humanos sim, e bastante. É desolador imaginar um mundo habitado por pessoas idênticas.

Ideologias. A formação das inúmeras ideologias existentes é devido às convicções pessoais e idiossincrasias (maneira própria de pensar, sentir e agir). Toda forma de analisar a realidade (ideologia) é, ao mesmo tempo, uma dissidência em relação à anterior, uma tentativa de síntese das precedentes e o início da geração antinômica que a refutará. É a teoria hegeliana da tese, antítese e síntese verificada na prática.

Separação. Devido à diferenciação, é natural haver divergências de opinião em todos os grupos conscienciais e se estas, com o tempo, se agravarem e não forem relativamente superadas, a dissidência é uma questão de tempo. O prazo para o pré-dissidente deixar o grupo de que faz parte é, na maioria dos casos, inversamente proporcional à pressão - principalmente dos líderes - do patrulhamento ideológico exercido sobre o mesmo. Quanto maior for a tentativa de controle, mais rápida será a separação. Por quê? Ora, os 02 lados aparentemente saem "ganhando": o grupo, porque sua coesão fica garantida debelando-se a revolta do membro antagonista, fazendo com que o mesmo ou volte a "dançar conforme a música" ou se retire; e o dissidente, porque assim era a justificativa que faltava para o seu afastamento concretizar-se. Isso acontece tanto em um ambiente macro (religiões, partidos políticos, grupos econômicos, instituições) quanto micro (empresas, famílias e, por que não, nos menores grupos possíveis, aqueles formados por dois indivíduos: marido-esposa, mestre-discípulo, patrão-empregado etc.).

Ocorrências. Vejamos alguns casos característicos de dissidência ideológica em vários contextos ao longo da História:

1. Buda x Brâmanes

Siddharta Gautama, o Buda (Iluminado), rejeitou os dogmas bramânicos anunciando a auto-suficiência do homem, que, segundo ele, não precisa de um deus para realizar o seu destino. Por conseguinte, condenou o sistema de castas e o monopólio religioso dos sacerdotes brâmanes (cerimonialismo).

2. Heráclito x Parmênides

Heráclito, precursor do empirismo e inspirador de Hegel, era o filósofo do vir-a-ser (*devir*), onde tudo flui, estando todas as coisas em contínua transformação. Sua máxima é a de que "não podemos entrar 2 vezes no mesmo rio". Para ele só o que é observável pelos sentidos interessava. Opostas eram as idéias de Parmênides que viveu na mesma época (540-480 a. C.), o qual era o filósofo do *Ser*, para quem nada pode mudar, pois tudo é uma coisa só. Dizia ainda que as impressões dos sentidos não são dignas de confiança (*maya*). Foi o pioneiro do Racionalismo, elegendo a razão como fonte última do saber.

3. Aristóteles x Platão

Aristóteles foi o aluno mais destacado da Academia de Platão por 2 décadas, mas, após a morte deste, não foi o escolhido para dirigi-la. Saiu de Atenas e, no seu retorno à cidade depois de algum tempo, fundou a sua própria escola, o Liceu, a qual rivalizou com a Academia tanto em número de alunos quanto no conteúdo dos ensinamentos. A dissidência ideológica de Aristóteles em relação a Platão foi a mais significativa do mundo antigo, pois quase todo o desenvolvimento intelectual do Ocidente foi, ora um revezamento entre platonismo e aristotelismo, ora uma tentativa de mescla dos 2. Tracemos um pequeno paralelo das suas principais diferenças:

Aristóteles	Platão
Predomínio científico	Filosofia pura
Racionalista e empírico	Racionalista
Realista experimentador	Idealista teórico
Investigador sóbrio	Poeta mitificador
Sistematizador dedutivo	Generalista indutivo
Foco nas percepções	Foco nas idéias
Lógica do pensamento	Abstração do pensamento
Tendência objetiva	Tendência subjetiva

Auto-revezamento. A história de Heráclito e Parmênides tem muita semelhança com a de Aristóteles e Platão. Uma hipótese: seriam estes, aqueles? Se a *reminiscência* platônica e a *reencarnação* budista forem fatos e não apenas teorias, é possível.

4. Lutero x Papa (Catolicismo)

Afora o citado no item 1.2, Lutero combatia o dogma católico segundo o qual apenas os padres poderiam interpretar a Bíblia. "Cada homem deve ser o pastor de si mesmo", dizia o monge teutônico.

5. Copérnico x Ptolomeu

Contradizendo a teoria geocêntrica de Ptolomeu - dominante por mais de 1000 anos - afirmando que não a Terra mas o Sol seria o centro do universo, Copérnico desencadeou uma revolução (dissidência) na ciência, na filosofia e na religião, pois foi a partir daí que o Renascimento começou a tomar forma. Suas idéias foram precedidas por Hiparco, considerado o maior astrônomo da Grécia antiga.

6. Kierkegaard x Hegel

O filósofo dinamarquês, "pai" do existencialismo e antítese do alemão, propôs que as verdades realmente importantes são pessoais ("verdades para mim") e não aquelas de natureza histórica. Essa diferença de enfoque acarretou o seguinte confronto de idéias:

Kierkegaard	Hegel
Subjetividade	Objetividade
Importância individual	Supremacia coletiva (sistema)
Relativismo existencialista	Absolutismo idealista
Estética-ética-religião (fé)	Tese-antítese-síntese (razão)
Devir "saltitante"	Devir mediativo (transição)

7. Marx x Filosofia Pura

Em qualquer estudo sério sobre dissidência - transformação de padrões - revolução, o nome de Karl Marx deve aparecer, pois o conjunto de suas idéias (*super*)estruturava-se justamente sobre o alicerce da mudança (materialismo dialético-histórico). Estas idéias, por sua vez, engendraram uma alteração radical na história política da humanidade, onde 1/3 de sua população empreendeu a revolução socialista. O Marxismo é a crítica radical da filosofia pura (idealista). Escreveu Marx: "Até hoje, a filosofia limitou-se apenas em interpretar o mundo; o fundamental agora é transformá-lo". Foi um filósofo-economista teórico e prático (porém, nem sempre teoria e prática são *sinômimos* de lucidez), participando em revoluções (1848 na Alemanha), associações trabalhistas (1ª Internacional) e na fundação de partidos políticos (Partido Social Democrata Alemão).

8. Einstein x Newton

Com a formulação da Teoria da Relatividade em 1905, Einstein revolucionou os conceitos da física, constituindo-se num exemplo clássico de dissidência paradigmática. A física moderna - produto principalmente das descobertas einstenianas - transcendeu o paradigma newtoniano-reducionista há 9 décadas. Perguntamos, fazendo coro com Fritjof Capra: quando será que as outras "ciências" farão o mesmo?

9. Jung x Freud

Jung, o discípulo favorito de Freud, afastou-se deste por não aceitar a tese de que todos os fenômenos inconscientes são explicados por influências ligadas à libido, e que esta não seria apenas uma força sexual e sim uma energia de caráter universal. Jung foi o pioneiro na crítica ao paradigma cartesiano aplicado à psicologia, onde considera-se a psique apenas reflexo do funcionamento fisioneurológico. No modelo freudiano não havia espaço para o estudo dos estados alterados da consciência, pois estes extrapolam os limites mecanicistas. Jung enxergava um pouco além do que Freud, e de suas pesquisas nasceram conceitos interessantes: o inconsciente coletivo, seus arquétipos e a sincronicidade são os mais importantes.

10. Krishnamurti x Teosofia

Jiddu Krishnamurti surpreendeu àqueles que o haviam educado (Annie Besant e Charles Leadbeater) ao rejeitar e tentar dissolver a Sociedade Teosófica, proclamando que a verdade não pode ser sistematizada e que toda organização é inimiga da vida espiritual. Seu refrão era: "a verdade é uma terra sem acessos". Combateu tenazmente todos os grupos organizados, tradições, religiões, escrituras e sistemas. Por ironia, as chamadas *Fundações Krishnamurti* são mais conhecidas do que as idéias do hindu, provavelmente devido à falta de compreensão destas. Uma questão: que tipo de dissidente foi Krishnamurti? A 3ª parte desta obra nos ajudará na elucidação.

11. Vieira x Espiritismo

Após alguns anos de militância espírita, Waldo Vieira priorizou o enfoque científico no estudo da consciência e seus fenômenos, procurando abandonar toda e qualquer forma de religião e misticismo. Naturalmente, houve um distanciamento das idéias dogmáticas e práticas doutrinárias existentes no Espiritismo, devido ao viés religioso deste.

Com a publicação do tratado *Projeciologia* em 1986, onde o médico Vieira expõe o resultado de suas pesquisas, fica evidente o dissenso, em relação ao Espiritismo, quanto à abordagem da dinâmica consciencial.

*

Política. Segundo Ranciére[4], o fundamento da política é o desentendimento, tanto que a mesma se concretiza através de *partidos*, ou seja, *partes* da pólis (no fundo, apenas duas): ricos (oligarcas e aristocratas), com suas parcelas de riqueza e virtude, e pobres (democratas) que formam a irreal parcela dos sem-parcela (já que não possuem nem riqueza, nem virtude). Sendo assim, o terreno político é rico em exemplos de dissidência, popularmente chamada de "racha". Só para ilustrar: no século XIX, o Partido Liberal nos EUA se dividiu em Democrata e Republicano; mais recentemente, no Brasil, podemos citar a formação do PSDB em 1988, fundado por dissidentes do PMDB.

Cisma. No âmbito ideológico-religioso, podemos verificar grandes dissidências, neste caso específico chamado de *cisma*:

1. Hinduísmo. O Hinduísmo védico evoluiu para o Bramanismo e no século VI a.C., Mahavira fez surgir a corrente jainista.

2. Budismo. No Budismo - considerado por alguns uma vertente do Hinduísmo - há 4 escolas principais: Theravada, Mahaiana, Mantraiana e a Zen.

3. Islã. No Islamismo, Maomé já previa: "Minha comunidade se dividirá em 72 seitas". Os xiitas - famosos por seu radicalismo - e os sunitas formam os 2 maiores grupos muçulmanos.

4. Judaísmo. O Judaísmo dividiu-se em 2 grandes ramos: sefarditas e asquenazitas. Estes, por sua vez, desmembraram-se em cabalistas, hassidistas, ortodoxos e reformistas.

---

[4] *O desentendimento* (ver bib.)

5. Tao. No Taoísmo, existem os ortodoxos ("cabeças-negras") e os dissidentes ("cabeças-vermelhas").

6. Cristianismo. Os Cristãos, no cisma do Oriente em 1054, desmembraram-se em católicos e ortodoxos. Com a Reforma, uma parcela expressiva dos católicos transformou-se em protestantes. Estes separaram-se em várias correntes: Luteranos, Anabatistas, Puritanos, Calvinistas, Anglicanos, Presbiterianos, Adventistas, Mórmons, Testemunhas de Jeová, entre outras.

Heresias. As chamadas heresias ou movimentos heréticos também constituíram uma forma de dissidência, porém de menor abrangência numérica e territorial. Eis as principais na Idade Média e Moderna: cátaros ou albigenses; galicanismo (Luís XIV); hussismo (Jan Hus e John Wycliffe); jansenismo (Cornelius Otto Jansen); milenaristas (Joaquim de Fiore); valdenses (Pedro Valdo); Zwinglianismo (Ulrich Zwinglio).

Teologia da Libertação. Atualmente, a Teologia da Libertação - que tem como representante máximo o brasileiro e ex-frei Leonardo Boff - segundo a ala conservadora do catolicismo, constitui-se num *pequeno-cisma*.

Época. Torna-se pertinente neste estudo dedicarmos um espaço para analisar uma forma peculiar de dissidência (psicológica, familiar, de conduta e, muitas vezes, até nominal): as inúmeras seitas místico-religiosas. Sempre existiram no decorrer da História, mas estão surgindo em grande quantidade neste fim de milênio, época propícia aos mercadores do apocalipse.

Leitura. Por que existe a mania das pessoas correrem tresloucadas rumo ao salvacionismo, gravitando em torno do primeiro que aparece intitulando-se *o portador da verdade*? O que esta patologia social tem a nos mostrar? Com relação às seitas, podemos atingir o cerne desta problemática através da constatação cirúrgica de Paul Brunton: *"As pessoas conseguem o ensinamento que merecem. Uma pessoa falsa, defeituosa, propensa ao exagero, emocionalista e crédula, aceita com fé o conteúdo de interpretações extravagantes, clamores pessoais exagerados, profecias selvagens e inferências injustificadas. Deste modo, a seita ou grupo, com seus sonhos de messianismo interventivo e organização utópica, iguala-se ao caráter e capacidade dos seus aderentes. Todos são vítimas de fantasias: os seguidores das fantasias do líder e o líder de suas próprias".*[5]

Fato. Fica explícita a sociopatologia quando a seita começa a causar danos - quase sempre fatais - tanto aos seguidores quanto ao restante da sociedade. Exemplos:

1. O assassinato coletivo de 924 pessoas em 19 de novembro de 1978 na cidade de Jonestown (Guiana), as quais eram fiéis seguidoras do "reverendo" Jim Jones, ex-ativista político de São Francisco (USA).

2. O gás letal (Sarin) solto no metrô de Tóquio em 1998 pela seita "Verdade Suprema", matando cinco pessoas e ferindo milhares.

3. O suicídio coletivo de 42 pessoas em Los Angeles (USA) em 1998, na passagem do cometa Halley-Boop próximo à Terra, vítimas dos desmandos lunáticos de um "mestre espiritual" que inculcou-lhes a certeza de que suas consciências, após o suicídio, seriam resgatadas por uma nave espacial que viajava junto com o cometa ...

4. O suicídio (ou assassinato?) coletivo em março de 2000 na Uganda de mais de 1000 pessoas seguidoras do culto

---

[5] *The Sensitives* (ver bib.).

Movimento para a Restauração dos Dez Mandamentos de Deus liderada pelos católicos dissidentes Joseph Kibwetere e Credonia Mwerinde, após o fracasso da profecia difundida no culto de que o fim do mundo seria em 31 de dezembro de 1999. Até agora foi o maior massacre relacionado à seitas já registrado.

Torcida. Mesmo sabendo que a ignorância humana não tem limites, fica aqui a torcida para que estas mortes sirvam de exemplo para aqueles hipnotizados pelo *canto das sereias* entoadas pelas seitas "redentoras da humanidade".

Produto. De forma geral, toda dissidência histórica é o produto direto da junção de várias dissidências ideológicas contíguas. Copérnico, Lutero e os gênios do Renascimento determinaram o fim da Idade Média e o início da Moderna. O conjunto das idéias dos Iluministas produziu a Idade Contemporânea. O século XX sentiu o impacto dos argumentos de Marx e das descobertas de Darwin, Freud e Einstein.

Estopim. As dissidências ideológicas, por sua vez, são em muitos casos o estopim, a culminância de um processo que toda a sociedade ajudou a formar; *são consequências das necessidades de uma época*. Por exemplo: Lutero apenas deu forma explícita e ordenada as críticas à Igreja, pois o conteúdo das mesmas já existia na multidão.

Declínio. Verifica-se também que as dissidências, grandes mudanças e revoluções ocorrem quando as normas, conceitos e idéias vigentes estão declinando, ficando ultrapassadas, não respondendo mais aos anseios e necessidades coletivas e/ou particulares. Peguemos Einstein para exemplificar: enquanto os outros físicos ainda procuravam pelo "éter" sugerido por Newton para garantir a noção de tempo e espaço absolutos, Einstein percorria o sentido contrário, percebendo, num crescendo, a incompatibilidade das leis newtonianas em muitos fenômenos, ou seja, verificando os limites destas. Visto os limites, pôs-se a extrapolá-los, nascendo daí sua formidável teoria.

1.3 ENFOQUE CONSCIENCIAL

Sentido. O fio condutor deste livro é a análise da contínua alteração no nosso entendimento (autodissidência) e qual o impacto que isto causa no ambiente imediato (grupalidade) e a médio e longo prazo em toda a sociedade.

Maxidissidência. Podemos definir *maxidissidência consciencial* como a reperspectivação-repriorização-reorientação da consciência no conjunto dos seus princípios pessoais, sempre a maior, onde ocorre a transcendência de padrões estabelecidos. A consciência melhora a si mesma continuamente, atingindo novos patamares de vivência e compreensão, em suma, evolui de forma lúcida.

Sinonímia. Autotranscendência; autoconversão; iluminação espiritual; metanóia; mudança profunda de conduta; reciclagem intraconsciencial; revolução interior.

Fantasia. A maxidissidência consciencial se produz - sem mencionar a hora e o local - geralmente após um amplo leque de experiências da consciência ao longo de toda a pluriexistencialidade. Seria fantasioso crer que através do discurso e instrumentos (*máquinas conversoras*) proporcionados por qualquer religião ou grupo ela seja acelerada de modo abrupto, *tomando-se o paraíso de assalto*. Se assim o fosse, não haveria espaço para tantos *Mahatmas* que seriam produzidos no devir histórico.

Alcance. A maxidissidência consciencial é muito maior que a ideológica em alcance e profundidade, pois ocorre uma alteração nos príncipios de conduta e consequentemente no conjunto dos atributos da consciência e não apenas na historiografia das suas idéias. *A maxidissidência consciencial é uma catarse, produzindo uma verdadeira mudança de rumo na manifestação da consciência, a qual procura livrar-se do auto e hetero-engano e optar pelo universalismo autêntico, pela fraternidade não-circunscrita, pela assistencialidade e o auto e hetero-esclarecimento lúcidos.*

Aplicação. Na dissidência ideológica, a consciência refuta as idéias apreendidas e propõe outras, permanecendo, porém, no mesmo patamar quanto à aplicabilidade pessoal daquelas. Por exemplo: a teoria de Einstein revolucionou o modo de entendimento da quadridimensionalidade, não podendo, contudo, serem aplicadas suas descobertas *físicas* à nível emocional; Jung suplantou Freud em muitos aspectos, mas apesar das tentativas de explorar outras nuanças da realidade, permaneceu confinado na esfera psicológica adstrita ao soma (corpo físico). Na maxidissidência consciencial, ocorre um "upgrade" em *vários níveis*, ficando a consciência desperta quanto à:

1. Cuidados com o soma (alimentação, exercício, sexo), quase sempre negligenciados pelos dissidentes apenas ideológicos-teoricões.

2. Desenvoltura energética (identificação do corpo energético e das bioenergias).

3. Equilíbrio emocional.

4. Desenvolvimento intelectual.

5. Percepção da realidade multidimensional e pluriexistencial (horizonte de vivência-pesquisa irrestrito).

6. Ética, vontade, intenção, discernimento: atributos muitas vezes desconsiderados nas dissidências de abrangência apenas ideológica.

PARTE II - *MECANISMOS*

Inerência. Na 1ª parte, procurou-se mostrar através da constatação de ocorrências naturais, fatos históricos, confrontos ideológicos e catarses, que a dissidência - o processo de separar-se de algo (ninho, religião, instrutor, conduta) - é inerente à existência, à sociedade, e consequentemente, à todas as consciências.

Objetivo. Agora, na 2ª parte, a atenção será na tentativa de entendimento dos mecanismos que produzem a dissidência no interior dos grupos e organizações, que são normalmente o fragmento imediato onde a consciência atua.

2.1 GRUPALIDADE [6]

Sem as personalidades criativas capazes de pensar e avaliar independentemente, a evolução ascendente da

---

[6] Esta seção teve como fonte de alguns tópicos o livro *Grupos, Organizações e o Indivíduo* (ver bib.). Àqueles que desconhecem a obra, recomendo sua leitura para aprofundar assuntos aqui debatidos.

sociedade é tão impensável quanto a evolução da personalidade individual sem o solo nutritivo da comunidade. A saúde da sociedade depende, assim, tanto da independência dos indivíduos que a constituem quanto da coesão social sólida destes.

Einstein

Definição. Grupalidade, segundo a Conscienciologia, é a qualidade do grupo evolutivo da consciência; condição da evolutividade em grupo.[7]

Microcosmo. A consciência - pelo menos no nosso nível evolutivo – não é uma *cidadã cósmica*; ela ainda é *microcósmica*, formando os mais diversos agregrados conscienciais conforme o nível energético e de pensamentos e sentimentos correspondente.

Nível. A priori, a consciência, *até atingir um patamar mais elevado de auto-suficiência positiva e esclarecimento,* faz parte ativa de um grupo evolutivo *institucionalizado,* que pode ser evoluído, medíocre ou negativo, conforme o seu grau de ética, fraternismo e assistencialidade. Leitor(a), em qual nível, hoje, se enquadra o grupo evolutivo institucionalizado no qual você tem participação ativa (caso participe de algum)?

Função. A vivência em grupo tem uma função para o indivíduo, pois este pode, entre outras coisas, satisfazer suas necessidades através daquele. Num nível primário, estas necessidades normalmente são a busca por alimento, abrigo e satisfação sexual. Subindo de patamar, o grupo pode servir à necessidade de reunião (gregarismo) e aos desejos de reconhecimento e prestígio. No **G**rupo **E**volutivo de **E**sclarecimento **(GEE)**, normalmente a formação grupal

---

[7] *700 Experimentos da Conscienciologia* (ver bib.).

é o caminho mais adequado para a realização de objetivos assistenciais de auto e hetero-esclarecimento.

Satisfação. Os grupos medíocres geralmente servem à necessidade de poder de alguns dos seus membros e à necessidade de participação da maioria. As religiões e partidos políticos, por exemplo, têm muitos adeptos não por suas supostas qualidades e reivindicações, mas pelo desejo que as pessoas possuem de participar de alguma atividade ou grupo maior do que o "eu", de serem "aceitas", colaborando em algo significante. *Querem encontrar no exterior aquilo que lhes falta no interior.*

Objetivos. É claro que, mesmo não considerando a motivação em se formar um grupo, sua viabilidade e eficiência obriga à harmonização dos componentes com relação ao que se pretende realizar. Os objetivos grupais, naturalmente, são a junção das características dos objetivos individuais. Se estes, ao seu termo, mudarem de forma antagônica aos do grupo, a possibilidade de dissidência logo se insinua, pois, de forma geral, *a consciência atua junto a um grupo se este for condizente aos seus objetivos particulares.*

Clareza. A pessoa que tem uma imagem clara dos objetivos e do norteamento do seu grupo (visão de conjunto), possui um sentimento maior de participação, envolvimento e simpatia com o mesmo. Tem *disponibilidade* adequada e está mais disposta a aceitar a *influência* do grupo do que aquela que não sabe quais são as metas e rumos traçados.

Coesão. A coesão grupal está diretamente ligada a *atratividade* que o grupo exerce sobre os membros. Quanto mais sintonizado um grupo, mais coeso ele é (os afins se atraem). Dessa forma, eleva-se a aceitação de qualquer tipo de objetivo do grupo que seja estabelecido. Outro fato é que, quando os membros do grupo são convidados por seus líderes a participar no estabelecimento dos objetivos, aumenta-se a aceitação destes e, consequentemente, a coesão fica fortalecida.

Coerção. A maioria dos grupos e organizações - com o intuito de aumentar ou garantir a coesão - acabam exercendo *coerção* sobre os membros, provocando, frequentemente, um controle efetivo sobre sua conduta.

Discordância. Num Grupo Evolutivo de Esclarecimento (GEE), é salutar existir uma boa dose de refutação de idéias entre os membros, pois assim há uma profilaxia contra o perigo do excesso de uniformidade, a qual está diretamente ligada ao excesso de interdependência (prelúdio da dependência).

Elite. No GEE, o ideal seria que o controle dos procedimentos e tendências não se cristalizassem em torno de alguma "elite do poder" criadora de uma hierarquia de status, mas sim que houvesse uma distribuição de tarefas e responsabilidades a mais adequada possível entre os indivíduos.

Status. Aquelas consciências que ainda buscam - mesmo que de forma sutil - status e poder, não estão prontas para vivenciar um GEE autêntico. *Evolução e monarquia não são termos cambiáveis.* A hierarquia evolutiva acontece naturalmente, sendo improvável a conquista de patamares mais elevados por intermédio da arrogância agressiva ou da politicagem velada, as quais são usadas de forma explícita na sociedade. A frase de Emerson, "*toda instituição é a sombra alongada de 01 homem*", não deveria ser constatada em nenhum grupo ou organização. Se o for, estes, sob inúmeros aspectos, ainda estarão no nível da mediocridade.

I. INDIVÍDUO E GRUPO: LADOS DE UMA SÓ MOEDA?

Relações. O que o indivíduo pensa, num percentual considerável, é determinado pelas consciências com as quais interage. Estas, como já foi comentado, também acabam pensando de acordo com o indivíduo, dependendo do nível de influência (liderança) deste.

Exigência. Todo grupo faz diferentes exigências e pressões a diferentes membros. Uns são mais resistentes (independentes ou dissidentes) do que outros (dependentes e/ou conformistas). O ideal num GEE é que haja um ponto equidistante destes extremos (dissidência radical e extremo conformismo) por parte dos membros que o compõe, ou seja, exista interdependência equilibrada e relativa autosuficiência. Para tanto, é necessário que cada membro esteja *ciente de si* (seja, *literalmente*, uma consciência!).

Dificuldade. Alcançar este ponto não é uma tarefa fácil e realizável no curto prazo, pois exige da consciência uma bagagem de vivência muito ampla, e, ironicamente, talvez só ocorra quando o indivíduo não esteja mais ligado a nenhum grupo institucionalizado. *Os Bodhisatvas, qual os diamantes, não se produzem aos montes.*

Ambiguidade. Geralmente, é apenas no seu grupo evolutivo que o indivíduo pode dar vazão as suas potencialidades, exprimindo sua singularidade e criatividade (ver estudo A). Contudo, o grupo muitas vezes pode inibir o indivíduo, cerceando sua inventividade e colocando entulhos no caminho da sua auto-realização (ver estudo B).

Estudo A: O estrangeiro inibido

Os sociólogos D. J. Nash e A.W. Wolfe descreveram um estudo sobre o efeito, na imaginação da pessoa, da participação numa "cultura estrangeira de laboratório".

Em seu estudo, Nash e Wolfe usaram cinco pares de grupos de quatro pessoas. Cada par de grupos era tratado da mesma maneira. Depois de uma tentativa preliminar, os sujeitos de ambos os grupos observavam a décima prancha no Teste de Borrões de Tinta de Rorschach, durante 02 minutos, e registravam por escrito as suas respostas. Depois, cada sujeito explicava suas respostas aos companheiros do grupo. Depois de 3 tentativas (período I), um membro de cada grupo era transferido para o outro grupo do par. Novamente haviam 3 tentativas de respostas à décima prancha de Rorschach, com as explicações de cada pessoa ao grupo. Durante essas 3 tentativas (período II), as pessoas transferidas eram "imigrantes em grupo estrangeiro". No fim da sétima tentativa, os estrangeiros voltavam a seu grupo inicial. E novamente eram provocadas e publicamente explicadas as respostas à décima prancha de Rorschach. Durante essas 3 últimas tentativas (período III), os emigrantes eram repatriados em sua cultura nativa.

As respostas à prancha do Rorschach foram classificadas em 03 categorias:
1. *Invenção* - a percepção, pelo sujeito, de um novo conceito.
2. *Empréstimo* - a percepção, pelo sujeito, de um conceito antes apresentado por um companheiro do grupo.
3. *Hábito* - a percepção, pelo sujeito, de um conceito que já tinha descrito em tentativa anterior.

A tabela seguinte mostra o número médio de invenções, empréstimos e hábitos dos estrangeiros e dos sedentários, durante o período II:

	Estrangeiros	Sedentários
Invenções	2,90	5,17
Empréstimos	4,60	3,81
Hábitos	19,00	15,98

O número médio de invenções dos estrangeiros é significativamente menor do que o dos sedentários. Quando os estrangeiros foram repatriados para seus grupos originais, no período III, o número médio de suas invenções aumentou significativamente com relação ao do período II, quando comparado ao número dos membros sedentários de seus grupos originais.

Este experimento de laboratório sugere que um estrangeiro em cultura diversa da sua está sujeito à limitações que inibem sua capacidade de invenção. No entanto, pode haver vantagens no contato com outra cultura. Neste experimento, o repatriado era relativamente mais inventivo do que o sedentário.[8]

Estudo B: Brainstorming na agência de propaganda

Osborn, em 1939, criou uma nova técnica de "pensamento de grupo", denominada "agitação mental" (*brainstorming*), na agência de propaganda de Batten, Barton, Durstine e Osborn. Depois, a téc-nica foi muito usada em grande número de companhias, bem como em vários departamentos governamentais e militares.

---

[8] Nash, D. J. e Wolfe, A W. The stranger in laboratory culture. *Amer. Soc. Rev.*, 22, 400-406, 1957.

As 04 regras básicas do *brainstorming*, na qual as pessoas trabalham, como grupo, num problema, são as seguintes:
1. Nenhuma idéia é criticada.
2. Estimula-se total liberdade. Quanto mais ousada e desordenada uma idéia, melhor.
3. Acentua-se a *quantidade* da produção. Quanto maior o número de idéias, maior a probabilidade de conseguir um vencedor.
4. Estimula-se a "combinação de idéias". Os participantes devem melhorar as idéias dos outros e combinar idéias, a fim de chegar a idéias novas e mais complexas.

Durante 20 anos, o *brainstorming* foi um modismo, sem uma só verificação de sua eficiência (!). Donald W. Taylor, psicólogo da Universidade de Yale, e dois de seus estudantes pós-graduados, Paul C. Berry e Clifford H. Block, enfrentaram esse problema.

Em seu estudo, 96 alunos do terceiro ano e do quarto ano, que tinham trabalhado juntos num curso de administração pessoal, foram usados como sujeitos. A metade destes foi designada, casualmente, para grupos de 04 pessoas; a outra metade foi usada como sujeitos isolados. Os estudantes recebiam 3 problemas: o "problema dos turistas" (como conseguir mais turistas europeus para os EUA); o "problema dos dedos" (os resultados práticos ou as dificuldades (os resultados práticos ou as dificuldades que surgiriam se as pessoas nascessem com mais um dedo em cada mão); o "problema dos professores" (medidas que poderiam ser tomadas para que as escolas de 1970, com um número muito maior de matrículas, continuassem a dar instrução eficiente). Tanto os grupos quanto os indivíduos foram instruídos nas regras do brainstorming; depois, passaram a fazê-lo por 12 minutos em cada problema. Foram tomados registros completos de todas as discussões, e estas foram analisadas quanto às diferentes soluções propostas para os problemas.

Grupos nominais ou fictícios foram formados através de uma divisão casual, em "grupos de 04 pessoas", das que tinham trabalhado como indivíduos. Segundo se vê pela tabela seguinte, o número médio de idéias criadas por esses "grupos" nominais foi consideravelmente maior do que o criado pelos grupos reais que trabalhavam em conjunto nesses problemas.

	Turistas	Dedos	Professores
Grupos Reais	38,4	41,3	32,6
Grupos Nominais	68,3	72,6	63,5

Verificou-se, também, que o número de idéias originais e *qualitativamente* superiores criadas pelos grupos nominais, era maior do que o criado pelos grupos reais.

Os resultados deste estudo indicam que o brainstorming, *longe de ajudar o pensamento criador*, pode na realidade inibi-lo. Como explicação para isso, Taylor sugere que um grupo de indivíduos tem maior probabilidade de adotar a *mesma* predisposição ou a mesma forma de estudar um problema do que o mesmo número de indivíduos que trabalhem separadamente. *Quanto mais diferentes as abordagens de um problema, maior o número esperado de diferentes idéias para a sua solução.* Na medida em que a colaboração do grupo reduz a diversidade de maneiras para enfrentar um problema, inibe o aparecimento de idéias. *É possível que o nós pensamos nunca seja tão criador quanto o eu penso.*[9]

---

[9] Taylor, D. W., Berry, P. C. e Block, C. H. Does group participation when using brainstorming facilitate or inhibit creative thinking? Adm. Sci. Quart., 3 23-47, 1958.

Conclusão. Decorre do exposto que, até certo nível, somos sempre membros de grupos, para nossa felicidade *ou* infelicidade, dependendo do grupo e do contexto.

Questões. Ainda no estudo sócio-psicológico acadêmico da dinâmica do indivíduo no grupo, surgem duas questões fundamentais:

1. Quanto à "personalidade básica" do indivíduo.

O que o indivíduo desempenha no grupo é devido à sua personalidade básica ou esta origina-se da representação de papéis que dele se espera? Esta é a questão das relações entre o comportamento de papéis e a personalidade.

2. Referente à forma e abrangência do choque entre indivíduo e grupo.

O que ocorre quando o discernimento e as tendências de comportamento que o indivíduo intimamente possui entram em conflito com o discernimento e as tendências comumente aceitos pelo grupo (choque de princípios)? Esta é a problemática da pressão grupal, da subjugação, da independência, da dissidência.

Papel. Todo membro tem sua posição e o papel correspondente no grupo em que atua. E qual personagem irá desempenhar? Ora, aquela que for a mais condizente com o seu tipo básico de *persona*. *O ator bem escolhido começa a viver o papel, tanto no palco quanto fora dele.*

Docente. Um exemplo disso é o estudo inovador que Waller fez sobre "O que o Magistério faz dos professores". Vejamos suas constatações sobre a "*persona*" do professor:

"Em primeiro lugar, existe certa inflexibilidade ou rigidez de personalidade que, segundo se pensa, marca a pessoa que ensina. Essa maneira rígida e formal dentro da qual o professor se comprime todos os dias, torna-se um estojo de gesso, que, depois de algum tempo, não se pode alargar. Já se observou, também, que em suas relações pessoais o professor se distingue pela reserva. Como se esta reserva não fosse suficiente para desestimular quaisquer avanços impensados, é complementada, quando a pessoa torna-se um verdadeiro professor, por algumas barreiras externas. Ao mesmo tempo aparece uma dignidade que consiste em anormal preocupação com um papel e status restrito, mas bem definido, que o acompanha. Uma pessoa que tenha ensinado por tempo suficiente, pode tornar-se apático com qualquer assunto sob o Sol ... A maneira didática, a maneira convencida, bem como os tons seguros e chatos de voz que as acompanham se desenvolvem no professor à medida que lida com a classe e, geralmente, o professor leva esses traços para suas relações pessoais. Diz-se, e seria difícil negar isso, que o pensamento do professor não é criador. Se esses traços são encontrados em quase todos os professores, isso se deve ao fato de terem valor para a sobrevivência nas escolas atuais. Se uma pessoa não os tem, quando ingressa na congregação de professores, precisa desenvolvê-los ou morrer a morte acadêmica."

Reflexão. Este exemplo não foi escolhido ao acaso. Se você leitor(a), faz parte do corpo docente de algum grupo ou instituição, talvez seja válido incluir em suas reflexões os *fatos* demonstrados por Waller. *De omni re scibili, et quibusdam aliis.*

Robotização. Podemos rotular nossa época de Era da Aflição, do Gregarismo, da Resignação (termos psicológicos cambiáveis). Como vimos anteriormente, isso é devido principalmente a limitação da religião ortodoxa em responder aos anseios de uma população cada vez mais informada quanto aos avanços desmistificadores da ciência. Não tendo mais um norteamento ético e de crença, as pessoas tornam-se presas fáceis dos manipuladores de plantão (mídia). Daí nasce o status materialista, o consumismo, o capitalismo selvagem, enfim, o automatismo da existência. Porém, este, com o tempo, termina por entediar a pessoa (Aflição), a qual procura apoio num grupo o mais afinizado consigo (Gregarismo), terminando por acatar de forma passiva as normas, condutas e objetivos deste (Resignação). Assim começam as coleiras do ego (seitas, partidos políticos, associações, instituições, entre outras). Neste estágio, o discernimento - *mesmo sendo continuamente estimulado* - é muito incipiente, sendo incapaz de florescer organicamente, devido, entre outros fatores, ao patrulhamento grupal.

Canga. O substrato da resignação (conformismo) é a obediência à pressão do grupo (*os pais mandando no filho*), a qual está diretamente ligada ao conflito que surge contínua ou esporadicamente entre indivíduo e grupo. *Se 95% dos membros dos grupos constitui-se de liderados, é natural que o conformismo-submissão seja quase onipresente.*

Tipos. Podemos detectar 04 tipos de ação conformista:

1ª *Oportunista negativa*, onde o indivíduo aparentemente entra em acordo com o grupo, intimamente, porém, continua em desacordo. Aqui nascem as facções, o assédio declarado, enfim, a tentativa de implosão grupal.

2ª *Oportunista positiva*, onde o indivíduo externamente concorda com o grupo, mas deixa claro que sua opinião continua divergente (concessões da convivialidade). Constata-se aqui a mini-sinergia.

3ª **Real negativa**, onde o indivíduo, *abstendo-se do discernimento* - caso possua algum - concorda com o grupo externamente e também no íntimo. Aqui nasce a canga, a coleira, o cabresto, o "imbecil coletivo" (termo cunhado por Olavo de Carvalho), enfim, uma das marcas registradas do grupo evolutivo medíocre.

4ª **Real positiva**, onde o indivíduo, *usando o discernimento*, relativamente concorda - entra em consenso - com o grupo, tanto externa quanto intimamente (coesão grupal). Constata-se aqui a maxisinergia, traço eventual de um GEE autêntico.

Anticonformismo. Um traço característico de alguns membros é o anticonformismo, que ocorre quando a pessoa continuamente "luta" contra o grupo, criticando a tudo e a todos de forma cáustica e compulsiva. É o chamado "*criador de muros*", pois repudia qualquer movimento do grupo, mesmo percebendo que este esteja correto. As ações do anticonformista são tão previsíveis quanto às do conformista.

Independência. Outros membros apresentam elevada independência de juízo e atuação e podem permanecer no grupo ou "desertá-lo", conforme o próprio discernimento, ou seja, intraconsciencialmente são *emancipados*, não agindo mais em virtude do medo, do poder ou da necessidade de reconhecimento (*status*). O indivíduo emancipado (que apresenta maturidade consciencial) é livre na opção de atuar ou não junto a um grupo ou instituição (tudo depende do contexto da sua existência e das experiências pelas quais deve passar).

Triângulo. Essas 3 formas de reação à pressão do grupo - resignação, anticonformismo e independência - não são lineares, como 3 pontos retilíneos, mas representam os

vértices de um triângulo. O centro de gravidade (ponto de maior peso, no caso, *valor*) onde é aconselhável ficar inserido o indivíduo de um GEE, situa-se mais próximo ao vértice da independência *lúcida* (e não, *cega, infantil, fechada*), pois esta, como veremos a seguir, é superior qualitativamente
à resignação e ao anticonformismo.

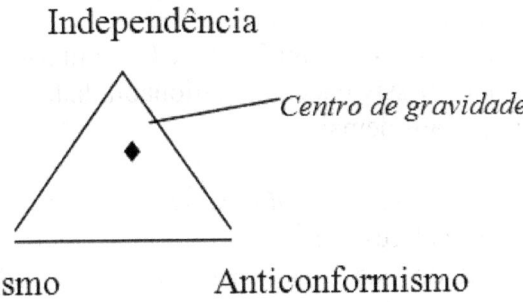

Personalidade. De acordo com as pesquisas realizadas por Crutchfield na avaliação das características da personalidade básica dos conformistas e dos independentes, verificamos o seguinte:

1.*Funcionamento cognitivo.* Os conformistas são significativamente menos inteligentes do que os independentes, pois mostram maiores tendências para rigidez de processos cognitivos e pobreza de idéias.

2.*Funcionamento motivacional e emocional.* Os conformistas são claramente inferiores em "força do ego" e na capacidade para enfrentar situações de tensão. Quando comparados aos independentes, tendem a apresentar limitação emocional, falta de espontaneidade e expressão indireta de agressividade.

3.**Autoconcepção.** Os conformistas se inclinam para nítidos sentimentos de inferioridade pessoal e inadequação. Não têm autoconfiança e tendem a ter menos compreensão e realismo em suas autopercepções.

4.**Relações interpessoais.** Os conformistas apresentam intensa preocupação com o que os outros pensam (insegurança), ao passo que os independentes têm atitudes mais auto-suficientes e autônomas. Os conformistas mostram muito mais passividade, sugestionabilidade e dependência com relação aos demais.

5.**Atitudes pessoais e valores.** Os conformistas exprimem atitudes e valores de natureza muito mais convencional e moralista do que os independentes. Isso está geralmente ligado a uma baixa tolerância de ambiguidade e uma concepção rígida, dogmática e autoritária.

6.**Interesse profissional.** Os conformistas *tendem* a ter padrões de interesse profissional semelhantes aos das profissões que, segundo se pensa, dão maior ênfase aos valores sociais convencionais (policiais, pessoas de escritório, corretores de imóveis, entre outras). Os independentes, por sua vez, têm padrões de interesse semelhantes aos de pessoas de profissões que exigem originalidade artística ou científica (músicos, publicitários, pesquisadores, entre outras).

7.**Fatuística.** A comparação entre indivíduo independente e dependente (conformista) é demonstrada com os seguintes *fatos*:

INDEPENDENTE

- É um líder eficiente

- É ativo, vigoroso, expressivo e capaz de mobilizar recursos facilmente

- Tem originalidade e imaginação fértil.

- Pensa e associa idéias de formas pouco usuais; tem processos não-convencionais de pensamento.

- Interessa-se por problemas filosóficos.

- Parece direto, sóbrio e franco nas relações com os outros. Possui compreensão quanto aos limites da interdependência.

DEPENDENTE

- Com relação à autoridade, tende a ser submisso.

- Controla excessivamente seus impulsos; é inibido.

- É incapaz de tomar decisões sem vacilações ou adiamentos. Sob tensão, torna-se confusa e desorganizada.

- É sugestionável; tendência para reagir mais às avaliações dos outros do que às suas.

- Permite que os outros o explorem; sente autocomiseração (vitimização).

♦ Julga a si mesmo e aos outros em termos convencionais, tais como: popularidade; a coisa correta a fazer; onipotência da opinião do grupo.

Avaliação. Leitor(a), quais as características de personalidade predominantes em você: independente ou conformista? *Para que a interdependência não seja utópica, a independência sadia deve ser muito mais valorizada do que a dependência doentia.*

II. ATÉ QUE PONTO UM GRUPO É EFICAZ PARA O AUTOCONHECIMENTO?

Eficiência. Um grupo apenas continuará existindo se for eficiente na satisfação dos objetivos a que se propõe.

Características. Vejamos algumas características do grupo eficiente, criativo e organizado, segundo Douglas McGregor, psicólogo industrial do MIT (Massachussetts Institute Technology):

1. A atmosfera tende a ser informal, cômoda, sem tensões.

2. Existe muita discussão, em que quase todos participam, mas
a discussão continua pertinente à tarefa do grupo.

3. As tarefas e objetivos do grupo são bem compreendidos e aceitos pelos membros. Até determinado ponto, existe livre discussão do objetivo, até que seja formulado de tal maneira que os membros do grupo possam dedicar-se a ele.

4. As pessoas ouvem umas às outras! Toda idéia merece atenção. As pessoas não parecem ter medo de parecer tolas ao apresentar um pensamento produtivo, ainda que este pareça extremado.

5. Existe desacordo e estes não são suprimidos ou superados por ação prematura do grupo. As razões são cuidadosamente examinadas, e o grupo procura resolvê-las, *em vez de dominar o dissidente*.

6. Quase todas as decisões são aceitas por um tipo de acordo em que fica claro que todos concordam e estão dispostos a agir. Existe um mínimo de votos formais; o grupo não aceita uma simples maioria como uma base adequada para a ação.

7. A crítica é frequente, franca e relativamente satisfatória. Existem poucas indicações de ataques, abertos ou ocultos.

8. As pessoas têm liberdade para exprimir seus sentimentos, assim como suas idéias sobre os problemas e a operação do grupo.

9. Quando se realiza uma ação, são feitas designações claras, e estas são aceitas.

10. O presidente do grupo não o domina, nem o grupo se submete indevidamente a ele. *A liderança muda de vez em quando, de acordo com as circunstâncias*. Existem poucas indicações de luta pelo poder durante a operação do grupo. A questão não é quem controla, mas como o trabalho é realizado.

11. O grupo tem consciência de sua atuação.

Prerrogativas. Quando as prerrogativas da existência de um componente transcendem às do grupo, este se torna deficiente.

Heterogeneidade. É condição básica para a *eficiência* de um grupo que este seja formado por componentes heterogêneos, porque assim a *competição sadia* faz com que o mesmo mantenha o ímpeto de realização *(inventividade)*. É óbvio que um bando de *maria-vai-com-as-outras* não seja muito produtivo.

Homogeneidade. As poucas *homogeneidades* que devem estar presentes num grupo para que este seja eficiente são a maturidade, a ética, a flexibilidade e a hetero-aceitação. Factível?

Figura. Podemos analisar a eficiência e dinâmica de um grupo pelo nível de autoconhecimento dos indivíduos que o integram. Vamos recorrer a duas figuras geométricas para nos ajudar neste estudo:

CUBO

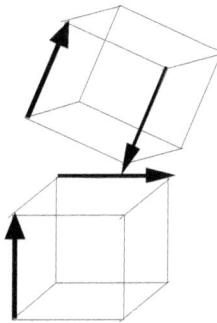

- Movimento egóico; superficial; perpendicular
- Arestas; choques; conflitos; estagnação; ineficiência
- *Pequeno* autoconhecimento
- Soma (veículo pontiagudo)

ESFERA

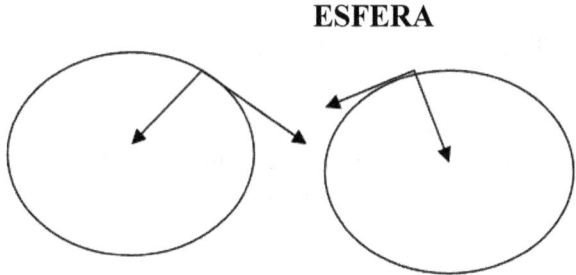

- Movimento essencial; profundo; centrípeto-centrífugo
- Curva; contato; entendimento; evolução; eficiência
- *Grande* autoconhecimento
- Corpo mental (veículo esférico)

Mecanismos. Eis uma faceta das vivências de um GEE vista sob uma ótica pluriexistencial:

PERÍODO INTERMISSIVO[10] - 100% DE LUCIDEZ - *POSSIBILIDADE* DE EQUILÍBRIO GRUPAL

VIVÊNCIAS - 0 A 80% DE LUCIDEZ - (DES) EQUILÍBRIO GRUPAL

Teste. Quanto maior a retomada de lucidez de cada membro do grupo, maior o equilíbrio (homeostase) deste. Leitor(a), seu nível de consciencialidade é/está maior, igual ou menor que o verificado no seu grupo evolutivo? *Ajuda mais (ou atrapalha menos) quem reconhece o seu lugar.*

III. A QUESTÃO DA LIDERANÇA

Fato. Onde há indivíduos reunidos, o surgimento de um líder – explícito ou não - é inexorável. Quanto menos evoluído um grupo, maior é a necessidade de liderança e esta, obviamente, varia em qualidade de acordo com a *persona* do líder. A liderança, num GEE, é vista como um meio e não como um fim.

Influência. Identifica-se o líder de um grupo pelo grau de influência exercido sobre os componentes e atividades grupais. Existem algumas deduções decorrentes disso:

1. Há uma influenciação recíproca entre os componentes de um grupo. O líder é aquele cuja influência é maior, tem mais

"peso", pois geralmente é mais respeitado e ouvido do que os demais.

2. Há de se diferenciar entre o líder - aquele que efetivamente exerce influência - e o chefe do grupo, o qual pode exercer uma influência irrelevante. Muitas vezes, os líderes *reais* não são os líderes *formais*.

Necessidades. Igual aos outros membros, o líder também procura realizar os objetivos do grupo e satisfazer necessidades secundárias (pessoais). O que separa o líder do liderado é, na maioria dos casos, a intensidade do desejo de poder e prestígio. *Libido dominandi*. Se num grupo onde existem muitos membros com "potencial de liderança" não haver maturidade, entendimento e concórdia, o perigo de "racha" (dissidência) é grande.

Funções. Qualquer que seja a natureza do grupo, o líder deve, até certo ponto, desempenhar muitas funções diferentes:

1. Diretor (coordenador; comandante)
2. Planejador (estratégia)
3. Programador (tática)
4. Especialista (técnica)
5. Representante (relações extragrupais)
6. Controlador (corregedoria intragrupal)
7. Premiador ou Castigador (poder; controle; hierarquia)
8. Árbitro (mediador de conflitos; "bombeiro")
9. Modelo (exemplo a ser seguido)
10. Símbolo (identificação; foco cognitivo)

11. Decisor (substituto das decisões alheias)
12. Ideólogo (fonte das crenças, valores e normas)
13. Pai (papel emocional do pai; transferência; submissão)
14. Bode Expiatório (foco das agressões e frustrações)[10]

Tipos. Há 02 tipos básicos de liderança: autoritária e democrática. Vejamos suas características principais:

AUTORITÁRIA

Absolutismo arraigado
Obscuridade nos objetivos e atitudes
Restringimento de responsabilidades
Ditadura das normas
Centralização do poder
Juizado nas decisões
Status e hierarquia.

Aqui vicejam as tensões e conflitos intragrupais, os prenúncios da dissidência.

DEMOCRÁTICA

Relativismo ponderado
Transparência nos objetivos e atitudes
Divisão de responsabilidades
Aceitação das normas
Poder descentralizado
Tribunal nas decisões
Anti-status e anti-hierarquia.

---

[10] *Grupos, Organizações e o Indivíduo (ver bib.)*

Aqui vicejam a coesão intragrupal, os prenúncios do sucesso grupal.

Mudança. Os conflitos acarretam mudanças na estrutura do grupo as quais tendem a reduzir as tensões para se alcançar uma estabilidade maior (homeostase grupal). Vejamos alguns tipos de mudanças:

1. Os subgrupos podem mudar, outros podem aparecer, e pode haver ajustamentos entre eles, até que cheguem a uma relação mais equilibrada de poder, função e responsabilidades.
2. Os elementos dissidentes - indivíduos ou subgrupos - podem sair ou serem expulsos do grupo, o que provoca maior harmonia.
3. A liderança do grupo pode passar por grande mudança.
4. Os líderes podem ser depostos por novos e mais eficientes líderes.
5. Podem ocorrer importantes mudanças de enfoque, chegando o grupo à estabilidade através da redefinição dos seus objetivos, atitudes, e normas (catarse grupal).

Assedialidade. Forças exteriores ao grupo influem significativamente na gênese dos desequilíbrios grupais, principalmente naqueles grupos com fins assistenciais e de esclarecimento (assédio de função). Isto, para os mais lúcidos, é um fato; para os menos, "achismo". Sutilmente, o assédio tenta "dinamitar" o grupo de várias formas:

1. Tentando criar e afastar uns subgrupos de outros.
2. Provocando suspeitas e desconfianças mútuas, levando uma facção à acusar outras.
3. Ludibriando os membros mais incautos, causando seu isolamento dos demais (encapsulamento).

4. **Insuflando** - via intelectualidade - críticas altamente elaboradas quanto à ideologia e aos defeitos do grupo.

Ambiguidade. O 4º item do parágrafo acima necessariamente é ambíguo, visto que o componente intelectual pesa muito (pelo menos deveria) numa decisão de abondonar ou não um grupo.

Defeitos. Geralmente, o minidissidente de algum GEE apresenta os seguintes defeitos:

1. Pequena visão de conjunto.
2. Sustentabilidade débil.
3. Auto e hetero-aceitação deficiente.
4. Perfeccionismo, imaturidade e impaciência.
5. Incertezas quanto aos rumos da própria existência.

Dirigentes. Já os dirigentes muitas vezes apresentam:

1. Necessidade de controle (poder) exacerbada.
2. Intrusão ou imiscuição desmedida.
3. *Monoideísmo avaliativo* ("caixinhas prontas", ou seja, julgamento fácil e rápido das situações através de generalizações).
4. Intervenções inoportunas (interferências), gerando contra-intervenções oportunas, mas não aceitas pelo dirigente, pois fere seu *status* hierárquico.
5. Nervosismo acentuado.

Coerência. Ambos (minidissidente e dirigente) demonstram, em muitas circunstâncias, um defeito singular: falta de coerência, ou seja, ainda é muito grande a distância do que se fala e escreve do que realmente se pratica.

Egos. De acordo com a idéia de que temos vários "egos" - uma coletânea de personalidades - o dissidente talvez eleja, por motivos variados, justamente aquele *ego* que norteará sua conduta, o qual é contrário ao *ego* predominante grupal.

Conflito. Existem diversas fontes de conflito intragrupais. Eis algumas:

1. O líder pode procurar aumentar sua autoridade, e outros membros podem tentar afastá-lo.
2. Vários subgrupos podem procurar aumentar o seu poder, à custa dos outros.
3. Os papéis dos vários membros do grupo podem não estar harmoniosamente definidos.
4. As atitudes dos vários membros, com relação aos objetivos grupais e quanto aos meios para atingí-los, podem ser discordantes.

Gauss. Podemos aplicar a curva de Gauss na análise estatística quanto ao percentual (probabilidade) de dissidentes e dirigentes em diversos grupos conscienciais:

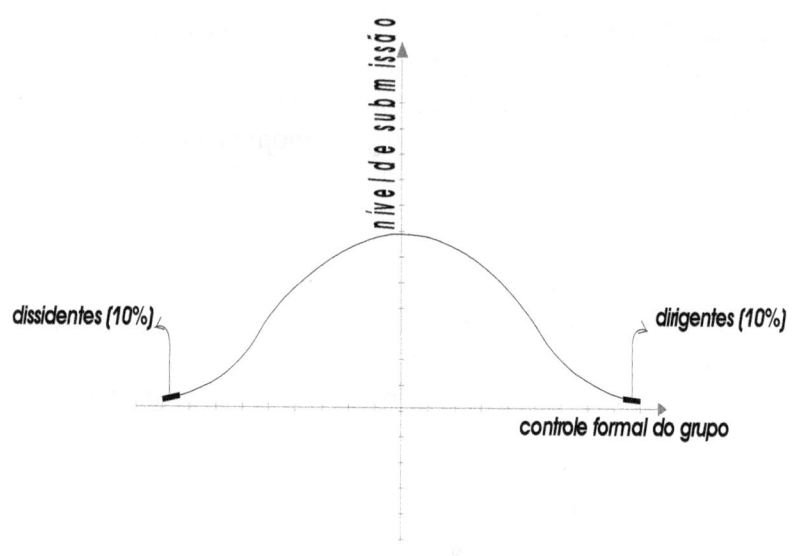

Manipulação. Deduzimos do gráfico que os dissidentes têm o mais baixo nível de conformidade com as normas e valores dos dirigentes e, em virtude disso, têm também o menor índice de controle *formal* do grupo. Sua influência, porém, pode ser igual ao que os dirigentes possuem, visto que a "massa" dos liderados até certo ponto é passível de manipulação.

2.2 PARALELO ENTRE OS PERÍODOS DE UMA EXISTÊNCIA INDIVIDUAL E GRUPAL

Analogia. Uma ferramenta muito útil que o intelecto nos proporciona na elucidação ou esclarecimento dos mais diversos fatos e conceitos é a analogia. Do grego *anà lógos*, "em conformidade com uma razão", a analogia é, originalmente, uma semelhança em relações proporcionais; ponto de similitude entre coisas diferentes.

Paralelo. Isto posto, podemos traçar um paralelo entre o desenrolar natural de uma existência individual e o processo de formação e desenvolvimento de um grupo, para assim entendermos melhor os pormenores da grupalidade, da dissidência, enfim, do (in)sucesso de um GEE:

INDIVÍDUO	GRUPO
NASCIMENTO	Reencontro consciencial Deslumbramento Obnubilação
INFÂNCIA ADOLESCÊNCIA	Primeiras trocas Percepção das diferenças Início dos atritos Atritos exacerbados + Defeitos - Virtudes Crise grupal *Dissidência* (se houver) Insucesso grupal (se ocorrer)
MATURIDADE	Maior discernimento + Virtudes - Defeitos Homeostase grupal Reaproximação dos dissidentes - (se houver) Sucesso grupal (se ocorrer)

Análise. Vamos analisar cada etapa em separado:

1. **Nascimento**: Após o período do nascimento, cada indivíduo passa pelo afunilamento consciencial promovido pelo restringimento somático. Decorrido alguns anos de idade física, os componentes do grupo - por uma necessidade evolutiva, compulsão cármica ou automimese franca - se reencontram. Qual um bebê, no começo tudo é uma novidade deslumbrante: "até que enfim encontrei meu grupo"; "agora sim minha vida tem sentido"; "tudo vai ser maravilhoso". Nesta fase, a obnubilação (fantasias e desejos projetados) dos componentes tende a ser considerável. Geralmente tem curta duração (poucas semanas).

2. **Infância**: Transcorre-se o período de realização das primeiras trocas entre os membros do grupo. Em virtude da pequena recuperação da lucidez consciencial (rememoração plena de quem se é e do verdadeiro estágio de evolução onde se encontra), ocorre um choque de opiniões quanto ao *modus operandi* do que é preciso ser feito. Aqui se iniciam os atritos interconscienciais, acabando a ilusão do "tudo vai ser maravilhoso" do período anterior. Tem duração um pouco maior (poucos meses).

3. **Adolescência.** Devido à recuperação da lucidez ainda permanecer baixa na maioria dos membros, com o tempo os atritos ficam exacerbados e os defeitos tornam-se predominantes, dando oportunidade para que se instale a *Torre de Babel*. Geralmente é nesta fase de crise grupal profunda, típico da adolescência, que pode ocorrer a dissidência prematura de alguns componentes, gerando a possibilidade do insucesso individual e grupal. Geralmente tem duração maior que a fase anterior (vários meses).

4. **Maturidade.** *After the storm, the calm.* Confirmando o ditado, decorrido o período das turbulências, os indivíduos do grupo - através dos erros e acertos - vão adquirindo maior discernimento quanto ao modo de se proceder nas inter-

relações, tendo a percepção, num crescendo, de que, até certo nível, o auto e o hetero-conhecimento percorrem um caminho de mão dupla, e de que as tarefas a serem realizadas são uma *desculpa* para que a *grupalidade* seja exercida. Com as virtudes sendo primazes, origina-se assim uma relativa homeostase grupal. Neste contexto, pode ocorrer a reaproximação de alguns minidissidentes (retomadores ideológicos) que, *paralelamente* ao grupo, também alcançaram um nível maior de maturidade. Desta forma, o auto e o hetero-esclarecimento *relativos a este nível* podem ficar mais assegurados. Tem duração indeterminada.

Auto-revezamento. Inferimos que, a medida que o grupo se auto-reveza nas existências físicas, as fases grupais do nascimento, infância e adolescência transcorrem de forma mais rápida e indolor, alcançando-se a maturidade mais cedo.

2.3 AGRAVANTES CONTRIBUTIVOS PARA A DISSIDÊNCIA

Agravantes. Existem vários agravantes que contribuem para que a dissidência ocorra nos diversos agregados conscienciais. Vejamos os principais:

1. **Buscador-borboleta.** O ex-*borboletista* que já desiludiu-se várias vezes com outros grupos aos quais não pertencia realmente. Quando chega no seu verdadeiro grupo (GEE), tende de antemão a ficar pessimista quanto ao mesmo, procurando defeitos em toda a parte, pensando: "já vi esse filme antes"; "mais 1 grupo medíocre"; entre outros. Para alguns componentes começa a tomar forma - ainda que de maneira equivocada, confundindo-se *individuação* com Torre de Marfim - o esclarecimento de que "talvez a solução seja

o *individualismo* sadio *intra*consciencial e não o *gregarismo patológico inter*consciencial". Além disso, o estigma assediador herdado de suas perambulanças aflora justamente nos períodos de crise grupal.

2. **Atritos.** Um fator muito importante a ser considerado no estudo da problemática dissidente – totalmente ignorado tanto pelo mundo acadêmico mecanicista quanto pelo público leigo - são os atritos pluriexistenciais, as naturais "richas" e cotovelomas entre os membros do grupo advindos de existências pretéritas. Por exemplo, não seria de se estranhar que Lutero possa ter sido um inimigo do Catolicismo ou mesmo um ferrenho adversário do clero em suas vidas anteriores.

3. **Pára-quedista.** "Pára-quedista consciencial" é aquele indivíduo que está apenas *temporariamente* no grupo, pois, literalmente, não faz parte do mesmo. As causas do páraquedismo consciencial podem ser o borboletismo, algum resgate grupocármico ou automimese pura. A qualquer momento pode acontecer a dissidência, que será maxi, linear ou mini, dependendo do caso.

4. **Pressão.** Quanto maior os objetivos de esclarecimento e inter-assistencialidade de um empreendimento neste planeta-hospital, maior a pressão (contrafluxo) sobre o mesmo. Os componentes mais volúveis de tal grupo têm grandes chances de abandoná-lo em certas injunções.

5. **Eremita.** Aquela consciência que tenha vivido algumas vidas no eremitismo, pode ter desenvolvido uma radical misantropia de dissolução lenta e gradual, a qual com certeza acaba interferindo naquela existência onde se vê obrigada a exercer a grupalidade de forma mais intensa. *"Mais vale um nobre no mundo do que num mosteiro".* [11]

6. Obscurantismo. O indivíduo afundado no auto-obscurantismo (baixíssima recuperação de lucidez) é um dissidente em potencial de tudo, sendo capaz, inclusive, de tentar realizar a mais drástica das dissidências: a autodissidência negativa (suicídio) lenta ou abrupta, que é a pior forma de auto-engano. *Somos prisioneiros de nós mesmos, portanto, transformemos esta "prisão" na mais ampla e rica possível.*

7. Sociedade. Sendo o *habitat* natural de irrupção do auto-obscurantismo, a sociedade - através da mídia hipnotizadora, da politicagem, das "boas causas", da religião castradora, do dinheiro pelo dinheiro, do poder, do psiquismo charlatanesco - acaba "engolindo" aquelas consciências mais incautas ou autocorruptas do seu GEE, levando-as a dele se desligar antes da hora.

8. Trauma. A pessoa que sofreu algum tipo de trauma na infância ou adolescência com relação à trabalho em equipe (geralmente na escola) ou convívio em grupos organizados, possui uma certa ojeriza quanto à grupalidade, tendo grande propensão para ser um dissidente.

9. SEST. Uma das características da SEST (*Síndrome do Estrangeiro*)[12], segundo Málu Balona, é o desenvolvimento de uma auto-suficiência negativa que leva o sindrômaco à desaprendizagem do trabalho em equipe (antigrupalidade juvenil), contribuindo para sua costumeira dissidência (uma das causas do borboletismo).

10. Continuísmo. A inconstância - um defeito que denota imaturidade, sendo mais agudo quanto maior a atenção saltuária e menor a volição (força de vontade) da consciência

---
[11] Paul Brunton.
[12] Ver bib.

- revela a falta de continuísmo em sua ações, o que predispõe à dissidência, no caso, sinônimo de "fácil desistência".

11. **Superioridade.** Alguns dissidentes, principalmente os borboletistas, podem apresentar um sutil - e muitas vezes, inconsciente - complexo de superioridade, que os levam a abandonar todos os grupos de que participem, até mesmo (talvez de forma prematura) o seu GEE. Tal complexo é um dos piores que existem, pois a consciência não *baixa a guarda* inviabilizando uma efetiva aproximação com as outras, dificultando qualquer auto e hetero-ajuda e revelando, assim, uma insegurança crassa (imaturidade).

12. **Poder.** Uma das mais fortes razões de produção da dissidência nos grupos é a briga pelo poder, a sede de exercer controle sobre os outros, de ser o "chefe", numa clara reminiscência do período consciencial animalesco, *reptiliano*. Muitos dissidentes são os perdedores na disputa pelo poder no grupo. Já que as coisas não serão conforme *SUA* vontade, se afastam. *Há 02 tipos básicos de pessoas: aquelas que buscam o poder e aquelas que objetivam a paz. Onde me situo?*

PARTE III - *IMPLICAÇÕES*

Conseqüências. Na 1ª parte do livro, verificamos que a dissidência - o processo de separar-se de algo - é inerente à consciência em sua evolução. Na 2ª parte, vimos alguns mecanismos geradores da dissidência no interior dos grupos e organizações, que são o fragmento imediato onde a consciência normalmente atua. Agora, na 3ª e última, vamos analisar o impacto, as implicações, as conseqüências advindas da dissidência tanto para o indivíduo quanto para a sociedade, bem como inquirir sobre algumas realidades pertinentes suscitadas com este estudo: princípios pessoais emancipadores; ética; autoconhecimento; gregarismo; individuação; entre outros.

3.1 DISSIDÊNCIA: ASPECTOS QUALITATIVOS

Definição. Qualificar é atribuir *qualidade a*; apreciar; classificar; considerar; reputar; avaliar. É inevitável no estudo da dissidência, tecer considerações sobre os desdobramentos que esta acarreta, *tanto ao ator quanto à platéia.*

Crítica. No âmbito das inter-relações, verificamos que num grupo, quando o mesmo encontra-se na fase da adolescência (visto anteriormente), o conflito intraconsciencial exacerbado acaba desencadeando o confronto intergrupal, onde normalmente dá-se a dissidência de alguns dos seus componentes. Disso resulta o questionamento de quem sai e de quem fica: Por que está acontecendo - ou aconteceu - isso? *Toda auto e heterocrítica há de ser útil e não apenas ácida.*

Reflexo. A dissidência social, na maioria dos casos, é precedida por uma dissidência ideológica ou consciencial. Daí um nome para este volume: *Dissidência Consciencios-social.* Se o padrão de uma consciência é ou torna-se incompatível com o padrão predominante no grupo em que participa, a separação é uma decorrência lógica. *Os (des)afins se (des)atraem.* Isso corrobora a idéia de que o exterior (inter-relações, ambientes, situações) é reflexo do interior (pensamentos, volição, maturidade).

Avaliação. Resta saber se a dissidência produzida é superior, paralela ou inferior em termos qualitativo-evolutivos. Uma forma é verificar que espécie de atividade o dissidente passa a desenvolver. É tão enriquecedor para si - e, em consequência, para a sociedade - quanto o realizado pelo antigo grupo? É verdadeiramente fraterno, profundo, abrangente, esclarecedor, evoluído, *"de ponta"*? Ou constantemente fica querendo achar justificativas (racionalização) para validar a dissidência, muitas vezes atacando a antiga conduta ou o(s) grupo(s) abandonados? A resposta honesta a estas perguntas mostrará o caminho que está sendo trilhado.

Tipos. Após o inferido, podemos classificar a dissidência em 03 tipos básicos:

I. *MINIDISSIDÊNCIA*

Retrocesso. A minidissidência verifica-se quando a consciência retrocede, dá marcha à ré, reavaliando ou reperspectivando negativamente a sua conduta, substituindo seus princípios por outros de menor valor e abrangência. Isso vem refutar a hipótese de que a consciência não seja passível de involução. *O sucesso de hoje não garante o de amanhã.*

Limites. É óbvio que há limites neste retrocesso. O *Homo sapiens* não voltará a ser uma diminuta ameba (se bem que isso parece ocorrer em certos dias!). Também seria difícil imaginar o Dalai Lama virar um mega-mafioso.

Mosaico. Podemos ilustrar melhor este processo recorrendo ao conceito de que a nossa consciência é um mosaico (miscelânea de egos). A minidissidência acontece justamente quando elegemos como *prioritária* aquela peça (ego) que deveria ser descartada, ser substituída por outra melhor, mais evoluída.

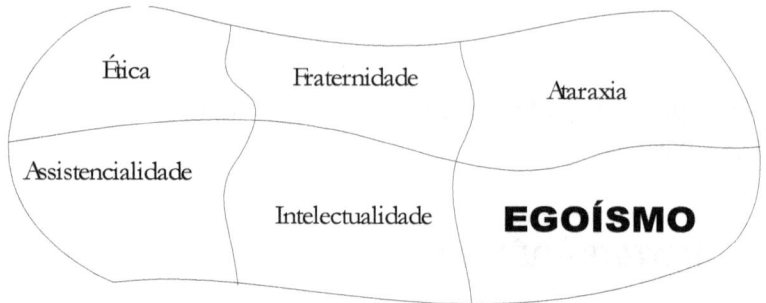

Erro. De acordo com o mosaico acima, o minidissidente comete o erro de superavitar o egoísmo ao invés de transcendê-lo, substituindo-o pelo ego interdependente, coletivizado.

Resultado. Estas falhas, com certeza, trazem resultados muitas vezes danosos à consciência e à sociedade onde está inserida. Ilustrando: o policial que vira bandido; o médico que se torna alcoólatra; o religioso que se transforma num pervertido; a *vovózinha* que vira traficante. *De tanto lidar com a cara, ficam tentados pela coroa.*

GEE. Transpondo esta análise para a realidade de um GEE, constata-se que o minidissidente é aquele que, ao encontrar os colegas de destino, resolve "tirar o time de campo" antes de ter realmente ***compreendido e vivenciado*** o *modus operandi* das interações conscienciais gregário-ideológicas, podendo se tornar, perante a evolução, uma figura de 3º escalão em termos de autoconhecimento e genuína fraternidade. Se após a separação existir qualquer tipo de ruminação mental contra o grupo, a dissidência será mini, sem dúvida. *O minidissidente de um GEE é propenso* *a tornar-se um "investimento a fundo perdido" de si próprio num determinado momento da vida.*

Escolha. Há 02 alternativas para o minidissidente escolher:

1) Se resignar, *tampando o sol com a peneira*, vendo as coisas *sub specie aeternitatis*.

2) Produzir uma reaproximação com o GEE da forma mais rápida e autêntica possível.

Intenção. Um objetivo básico deste livro é que o mesmo possa funcionar como um agente retrocognitor para o minidissidente, pretendendo modestamente contribuir para que este, se estiver propenso, opte pela segunda alternativa. *Habent sua fata libelli.*

Mecanismo. O minidissidente precisa, o quanto antes, pesquisar e entender com a máxima isenção o mecanismo de esclarecimento em que estamos imersos e o papel que a grupalidade ocupa neste contexto. Apenas com uma relativa coesão e harmonização do grupo é que o GEE pode *efetivamente* potencializar a inter-assistencialidade e o esclarecimento aos seus componentes. Leitor(a), responda com sinceridade: você, dentro do(s) grupo(s) em que tem participação ativa, exerce (ou já exerceu de forma autêntica) a grupalidade em alto nível, superando, com o desenrolar dos acontecimentos, todo e qualquer excesso, conflito espúrio, ortodoxia e intransigência, buscando o auto e heteroconhecimento pertinente ao patamar gregário-ideológico? *Reflito, logo reciclo.*

II. **DISSIDÊNCIA LINEAR**

Definição. A dissidência linear, também chamada de paralela ou contígua, é o processo de descarte de algo (conduta; grupo), caracterizado por sua semelhança quanto à *qualidade evolutiva* do que foi abandonado.

Sociedade. A maioria das dissidências que ocorrem na sociedade, por serem apenas de natureza ideológica, são lineares. Como vimos na 1ª parte, Aristóteles dissidiu de Platão; Lutero, do Clero; Jung, de Freud; mas, de um ponto de vista mais amplo, essas divergências permaneceram todas num mesmo platô ou campo de atuação. Portanto, podemos considerá-las contíguas ou paralelas.

Ilusão. Interessante notar que, muitas vezes, tanto o dissidente linear quanto o grupo ou indivíduo abandonado, consideram-se superiores um em relação ao outro. Doce ilusão. De uma ótica mais abrangente, não passam de *vizinhos do mesmo bairro*.

Problema. Talvez o grande problema do minidissidente de um GEE é estar convicto de sua atual posição ser - em termos de auto e heteroconhecimento, *semelhante (dissidência linear)* ao GEE desertado. Além de apresentar uma tendência de permanecer em subnível nestes quesitos, o minidissidente não compreende - ou *não quer* compreender - que o GEE, entre outras funções, existe para que seus componentes possam "resolver suas diferenças" pluriexistenciais, perdendo uma oportunidade valiosa para dirimi-las.

III. *MAXIDISSIDÊNCIA*

Avanço. A maxidissidência é caracterizada quando a consciência avança, progride, reavaliando ou reperspectivando positivamente sua conduta, substituindo seus princípios por outros de maior valor e abrangência.

Mutação. A maxidissidência está inserida no processo da evolução. É a "mutação positiva" consciencial. Se fosse diferente, seríamos sempre todos iguais, porém medíocres. *A natureza tende à diferenciação.*

Mestres. Um bom exemplo que temos de maxidissidência são os chamados *mestres da humanidade* (Krishna, Buda, Lao-Tzu, Jesus, Sócrates, Confúcio, entre outros), nossos colegas *verbetes de enciclopédia* "graduados" em evolução. Imagine aqueles em relação aos quais não temos ainda noções maiores da sua existência, os "PhD's"...

Teste. Com relação ao GEE, pode-se aplicar um teste elaborado por Vieira para ajudar na mensuração da sua qualidade, através de algumas variáveis:

1. Abordagens racionais de *grupo*.
2. Amistosidade real, vivida, do *grupo*.
3. Análise conjunta da abertura do *grupo*.
4. Apatia ou entusiasmo do *grupo*.
5. Barreiras *grupais*.
6. Bem-estar e coesão afetiva do *grupo*.
7. Bom espírito médio do *grupo* evolutivo.
8. Caráter consciencial do *grupo* de estudos.
9. Catarse das confissões em *grupo*.
10. Comportamentos éticos do *grupo*.
11. Cooperação e progressos do *grupo*.
12. Desintegração ou interação do *grupo*.
13. Dificuldades do *grupo* (vícios).
14. Dinâmica do *grupo* bem-organizado.
15. Eficiência e produtividade do *grupo*.

16. Elementos interatuantes no *grupo*.
17. Espírito corporativista ético.
18. Evolucidade lúcida em grupo (meta).
19. Experiências objetivas em *grupo*.
20. Fascínios de *grupo* (hetero-hipnoses).
21. Favoritismos pessoais dentro do *grupo*.
22. Filiação ao *grupo* consolidado.
23. Focos da atenção permanente do *grupo*.
24. *Grupo* cármico evolutivo bem definido.
25. *Grupo* de inversores ou Grinvex.
26. *Grupo* de pesquisas (experimental).
26. *Grupo* de planejamento (projetista).
27. *Grupo* especializado ou generalista.
28. *Grupo* de reciclantes ou Grecex.
29. *Grupo* evolutivamente estável.
30. *Grupo* misto de consciências.
31. *Grupos* similares satélites.
32. Grupúsculos dentro do *grupo*.
33. Harmonia do *grupo* (homeostase).
34. Hostilidade *no* e *do grupo*.
35. Independência do *grupo*.
36. Individualidade *grupal* (imagem).
37. Liderança aclamada do *grupo*.
38. Membros aceitos do *grupo*.
39. Mudanças internas no *grupo*.
41. Mutirões técnicos do *grupo*.
42. Nível evolutivo do *grupo*.
43. Opiniões unânimes no *grupo*.
44. Percentual dos personalismos.
45. Preservação do *grupo* no tempo.
46. Problemas comuns do *grupo*.
47. Relações multipessoais no *grupo*.
48. Renascimentos em *grupo*.
49. Rendimento real do *grupo*.
50. Segurança íntima no *grupo*.
51. Senso de grupalidade ativo.

52. Situação pessoal no *grupo*.
53. Sucesso funcional do *grupo*.
54. Sugestionabilidade de *grupo* (grau).
55. Tamanho do *grupo* formado.
56. Tarefas conjuntas do *grupo*.
57. Técnicas grupais ou de equipe.
58. Tensão estressante intragrupal.
59. Tipo característico do grupo.
60. Vida cultural do *grupo* atuante.[13]

Fato. Caso as variáveis estagnadoras predominarem sobre as construtivas, você poderá realizar a tentativa de renovar seu grupo. Não obtendo êxito, a perspectiva da (maxi? linear? mini?) dissidência logo se mostra.

Adolescência. Detalhe: este teste deve ser realizado de preferência quando o grupo já tenha passado pela fase da adolescência referida na 2ª parte do livro, por motivos óbvios.

Indicadores. Podemos detectar alguns fatos que normalmente ocorrem na maioria dos grupos e organizações, os quais servem de indicadores - *um sinal de alerta* - para a maxidissidência daqueles componentes mais esclarecidos:

1. Demasiada ênfase na instituição ou grupo, em detrimento das idéias por eles expressas.

2. Aparência de coesão e harmonia, quando o que realmente existe são conflitos e facções.

3. A transformação gradual dos elevados objetivos iniciais em jogos de interesses egoístas, apesar de toda a bombástica conversa, falada ou escrita.

---
[13] *700 Experimentos da Conscienciologia* (ver bib.).

4. Exploração descabida (superavitária) da maioria dos componentes, enquanto alguns são agraciados pelo favoritismo explícito.

5. Perda do discernimento e criatividade; cativeiro mental; expulsão de qualquer idéia não advinda do grupo, sistema ou linha do conhecimento (bairrismo característico do gregarismo ideológico-institucional supervalorizado).

6. Sistematização completa, fechada (mesmo que de forma velada); paralisia mental, o prenúncio dos dogmas sutilizados e da tirania ocultada (a pior de todas).

7. Grupo existente principalmente para servir os líderes.

8. Necessidade constante de defesa grupal direta ou oblíqua, atacando os "extra-muros", para assim infantilmente contribuir na consolidação das "convicções e certezas inabaláveis".

9. Maior preocupação com as finanças e a expansão material do que com a consciencialidade.

10. "Sombra alongada" dos fundadores ou líderes (castração auto e/ou hetero-imposta; sucubismo).

3.2 PRINCÍPIOS PESSOAIS EMANCIPADORES

Definição. Princípios Pessoais Emancipadores (**PPE's**), são as normas diretivas elaboradas pela consciência em sua dinâmica evolutiva, patrocinando sua libertação quanto à opinião alheia.

Parâmetro. Os PPE's servem de parâmetro para que a consciência possa confrontar seu nível de conduta e esclarecimento com o patamar observável nos ambientes aonde atua, implicando assim na contínua busca pelo desenvolvimento dos seus atributos.

Dissidência. Decorre do exposto que, na elaboração e consolidação dos PPE's, geralmente as consciências passam por vivências em diferentes grupos evolutivos, *dissidindo* de um e ingressando no próximo, até perceberem que não é *apenas* nas atividades grupais que encontrarão o substrato para as suas realizações fundamentais, e que aquelas, sob determinado enfoque, podem mais atrapalhar do que ajudar. A dissidência caminha de mãos dadas com os PPE's, pois a consciência, se for autêntica consigo mesma, jamais continuará convivendo com um grupo que se mostra totalmente divergente dos mesmos. *Os PPE's são os referenciais de afiliação - ou desafiliação – a uma comunidade de opinião.*

Intersubjetividade. *A priori*, um grupo é o contexto da intersubjetividade dos integrantes. Uns aprendem - ou desaprendem - com os outros. Aquele que porventura alcançar um autoconhecimento bem mais aprofundado (subjetividade-objetividade desenvolvida) do que os demais, naturalmente tornar-se-á um dissidente à procura de outros níveis e formas de inter-relação. Não há como evitar o auto-elitismo evolutivo. *Os pardais vivem aos bandos. As águias, nem tanto.*

Mensuração. O maior e mais complexo objeto de estudo que existe é a própria consciência, que possui alguns atributos de mensuração duvidosa: sentimento, intuição e espontaneidade, por exemplo. Não podemos, porém, negligenciar a vivência e conhecimento destes atributos achando que os mesmos são de importância secundária, considerando-os "coisas do corpo emocional", num simplismo ignóbil. Fazê-lo, resulta numa tremenda lacuna na busca daquilo que almejamos: o autoconhecimento.

Ordem. Para melhor compreender nossos PPE's - formados em boa parte pelos atributos sentimento, intuição e espontaneidade - devemos ampliar o alcance da objetividade científica, adentrando na subjetividade filosófica, pois os PPE's são muito mais de ordem existencial do que veicular (veículos de manifestação da consciência) ou atributiva. Estão mais voltados ao *porquê* do que ao *como*. São os geradores (*corpo causal*) dos nosssos pensamentos, sentimentos e ações. Portanto, são tão importantes quanto estes do ponto de vista do auto e heteroconhecimento. *Filosofia: divã do cientificismo.*

Linguagem. Quando vasculhamos as áreas inefáveis da nossa consciência, uma boa saída para repassar aos semelhantes o resultado da nossa experiência da forma mais clara possível, é fazer aproximações por analogias, muitas vezes apelando para metáforas. A literatice, quando bem empregada, nem sempre é um surto de imaturidade do escritor (*Síndrome de Swedenborg*[14] passageira). Algumas vezes, uma simples frase, colocada na hora certa e da maneira correta, pode dizer mais do que uma *enciclopédia*. É ilógico e egóico qualquer tipo de exagero, mas, na análise de determinados temas, podemos nos nortear por expressões *ore rotundo*. Vieira escreveu: *"Mais do que nunca há razões para a existência da Filosofia e da Poesia, como os únicos ramos do pensamento da mente materializados na Terra, que*

---

[14] Síndrome da erudição desperdiçada, proposta por Vieira.

vão além da deficiente transitoriedade humana, na ânsia de se expandir e se aproximar da realidade permanente".[15]

Subjetivismo. A medida que a consciência evolui, seus PPE's *objetivamente* são análogos às características do patamar evolutivo onde se encontra; *subjetivamente*, porém, são continuamente elaborados de diferentes modos, conforme sua individualidade e vivência única. Nas palavras de Plotino, segundo a tradução inglesa de MacKenna: *"The Sage has gone through a process of reasoning when he expounds his act to others; but in relation to himself he is Vision".*[16]

Ensaio. Portanto, a descrição da gênese dos PPE's - devido à natureza subjetiva destes - seja mais verossímil através de *insights* do ensaio livre, do que da *práxis* do tratado sistemático. *A objetividade, no estudo da consciência, tem seus limites.*

Tentativa. Discorrer sobre os PPE's não é muito fácil. Contudo, segue adiante uma tentativa de "autodecifração", com a intenção de burilar o estudo dos motivos que levam ou não à dissidência conscienciossocial e também de exercitar a intersubjetividade:

Os acontecimentos na vida de uma pessoa, por mais singelos, servem de amostra do que ocorre em seu íntimo. Se este releva-se intrincado, repleto de guetos, onde não alcançam o esclarecimento e seu produto mais direto, a pacificação, então seus afazeres e vivências certamente serão entrecortados por náuseas existenciais, o prelúdio de toda disfunção.

A paisagem que o olho vislumbra é a consciência que induz. Onde Kafka e Schopenhauer vêem sombras grotescas, Thoreau percebe apenas um espaço onde a luminosidade

---

[15] *Projeções da Consciência* (ver bib.).
[16] *The Enneads* (ver bib.).

ainda não alcançou. O mundo serve para objetivar e familiarizar a conduta intraconsciencial, vasta e profunda. As pessoas almejam conquistar fama e poder, ou continuamente buscam entretenimentos diversos ou ainda aglomeram-se buscando saciar sua sede gregária crendo que assim encontrarão abrigo e respostas aos seus anseios. Procura vã. Poder, entretenimentos e gregarismo são apenas reflexos opacos da verdadeira Realidade, a qual é abarcada por todo aquele que se empenha em descortinar a geografia e a história da sua própria consciência.

Quanto maior o nível de evolução de uma pessoa, mais profundos e amplos são os seus princípios. Chega o momento na busca do autoconhecimento onde se constata a importância deste fato e torna-se imprescindível ao sujeito descobrir quais são as normas, o paradigma, os valores que norteiam a sua existência. Enquanto isto não é feito, o progresso fica estagnado, pois verdadeiramente passa a ser um indivíduo apenas aquele que adquiriu um razoável grau de lucidez de como as coisas funcionam nos ambientes aonde interage. Mesmo a menor atitude é o desdobramento de um princípio nela embutido. Um método de aferir a maturidade de alguém consiste justamente em perguntar-lhe quais as regras básicas de conduta da sua existência. Se este declarar que nunca pensou a respeito ou bramir (revelando um romantismo desequilibrado): *Não tenho normas!*, eis um prenúncio de sua orbe.

O indivíduo passa, assim, a observar com mais precisão e desenvoltura todos os pormenores no seu dia-a-dia. Consciências com as quais se inter-relaciona, ambientes que freqüenta, o trabalho que desenvolve. Também começa a refletir sobre os acontecimentos da sua vida; o que teve ou não importância; o porquê de em determinados momentos ter agido daquela forma específica; de ter tomado certa decisão e não uma outra. O estudo da História e principalmente da atual mesologia também deve ser considerado. O que é válido para a sociedade? Estou de acordo com a sua dinâmica? O que, afinal, busca a coletividade? Enfim, os questionamentos naturalmente vão se avolumando e no meio de todo esse emaranhado a consciência deve chegar à conclusão do que é realmente importante, básico, essencial. Refletir é viver.

A medida que uma consciência evolui, seus valores avançam. Ou melhor, a medida que os valores de uma consciência avançam (metavalores), esta evolui. Isto serve para mostrar que *princípios maiores* estão sempre presentes em todas as manifestações, temos apenas que burilar nossas percepções para vislumbrá-los e que, quanto mais uma consciência atua de acordo com eles, mais próxima está da Verdade.

Devemos aqui ressaltar a importância de que cada um chegue por si só aos seus princípios e no grau de importância a eles atribuído, ou seja, obtenha *emancipação*. É óbvio que a ajuda de livros, consciências e ambientes sempre será bem-vinda, mas que fique dentro dos seus limites. Todos os valores, para que verdadeiros sejam, devem ser intrínsecos. Eis um Princípio.

Nossa realidade é multidimensional, irrestrita, não-linear. Portanto, para qualquer princípio dado, alguns contingentes - mesmo sendo *aparentemente* contrários - devem ser considerados, pois assim escapa-se do que é apenas parcial. Isso é muito importante, pois a unilateralidade é uma espécie de praga que pode vicejar a qualquer momento - principalmente no início - na dinâmica contínua dos PPE's.

Vejamos um pequeno exemplo de alguns Princípios Pessoais Emancipadores:

1.   LIBERDADE / RESPONSABILIDADE

Quanto mais evoluída, mais livre é uma consciência. Livre de toda e qualquer muleta física ou psicológica. Não se sente algemada a mais nada. Pelo contrário, é capaz de dar vazão a todas as potencialidades sem bloqueios externos, porque continuamente busca superar os internos. Por exemplo, não é pelo número de páginas ou pela extensão da bibliografia que verificamos a qualidade de um escrito (Erasmo, com poucas linhas, sacudiu a Europa). Quem se torna submisso a qualquer coisa, inclusive aos livros, revela falta de reflexão ou criatividade. Quando não, de coragem. Assim, a pessoa sai da adolescência consciencial, onde atuava sob preceitos alheios, e ganha seu passaporte para a *emancipaciolândia*. Porém, quanto maior a sua evolução, proporcionalmente aumenta sua responsabilidade perante o uso que faz dos atributos desenvolvidos. Se estes forem usados apenas em benefício próprio, sua liberdade será maculada. *A interdependência consciencial é um fato.*

2. AUTOCONFIANÇA / RESPEITABILIDADE

A consciência, antes de estabelecer seus próprios princípios, caminha por uma vasta procissão de mendicância apologética junto à outras que antes lhe parecia mais sábias intrinsecamente. É tímida, quase sempre recorrendo a algum livro sagrado-portentoso (*tijolaço de papel*) ou guru. Porém, a maiêutica socrática há muito mostra o poder de reflexão e a consequente *possibilidade* de ação correta que em *nós* reside. A autoconfiança, com o tempo, acaba gerando no indivíduo a certeza de que, igual a ele, os outros indivíduos com quem convive provavelmente não apreciam - ou talvez um dia não apreciarão - que se imiscuam em seus assuntos particulares, a menos que haja uma solicitação ou sinais alarmantes de erro de conduta. Daí nasce o princípio muito importante da respeitabilidade, ou seja, *JAMAIS* julgar inadvertidamente o outro, pois, verdadeiramente falando, nós não somos (e provavelmente ainda por um bom tempo seremos) uns "broncos" conscienciais? *A respeitabilidade é um dos sustentáculos das inter-relações sadias.*

3. RACIONALIDADE / ESPONTANEIDADE

O raciocínio é um divisor de águas na evolução. O animal deixa de ser apenas *senciente* para se tornar *consciente*, pois sabe que faz e passa a poder saber *o que* faz. Então, da roda ao *notebook,* é uma simples questão de tempo. Porém, deve-se atentar quanto ao aspecto negativo da robustez intelectual: a arrogância. Sim, a pura lógica muitas vezes leva o indivíduo a confundir princípios (sempre expansivos) com dogmas (sempre retrógrados). *"A lógica é uma poderosa ferramenta, mas nem sempre uma boa senhora".* [17] Antinomias existem aos montes, que o diga Kant. Com a arrogância, a racionalidade torna a pessoa fria, perfeccionista, "bitolada", e, mesmo vivendo em grupo, interiormente está afastada dos seus semelhantes. *"O esforço das pernas necessariamente não aproxima 02 espíritos".*[18] Para estas, a proposta de Mounier cai por terra. O culto à lógica pura só é permitida aos intelectos incipientes, mais preocupados com os *espécimes* do que com a *vida*. A tuição - quando considerada a exclusiva *porta-voz* da evolução, e não como sendo o desdobramento progressivo da *intuição* - é um brinquedo que, ao ser conhecido, a consciência criança propedeuticamente usa-o até a exaustão. Porém, chega a hora em que se percebe as limitações da razão e assim o endeusamento iluminista finda. *Buda contem Euclides, e não o contrário.*

A profilaxia contra o lado sombrio da intelectualidade hipervalorizada consiste justamente ter sempre como pano de fundo a noção das limitações inerentes a nossa condição, ou

---

[17] Paul Brunton.
[18] Henry Thoreau.

seja, conhecemos apenas a ponta do iceberg consciencial que somos. *Hoc unum scio, me nihil scire*. Mesmo com um grau evolutivo considerável seremos senhores de todas as situações, sempre? *A modéstia nunca é demais*.

Outro ponto refere-se a importância do *insight*, da intuição, da espontaneidade, na maioria das vezes filtrada e deturpada pelo nosso raciocínio. Quantas vezes agimos ou falamos algo sem saber detalhadamente o motivo e que logo após percebemos sua importância e validade? Ainda não compreendemos bem como isto se processa (se é que um dia iremos entender *racionalmente* a espontaneidade, apesar das luzes lançadas sobre o tema por Pascal, com seu *irracionalismo*, e por Max Scheler, com sua *fenomenologia dos sentimentos*) e também não temos a pretensão de *sempre* jogar nas costas da multidimensionalidade o porquê disto ocorrer. Há ocasiões em que a espontaneidade revela sua existência, existindo o conceito do *senpene (sentimento + pensamento + energia)*, ou seja, muitas vezes nos movemos de um ponto de vista para outro porque nosso *sentimento* (o qual é diferente da *emoção*) para lá se moveu; o intelecto apenas descreveria ou justificaria esse movimento, mas não lhe daria origem. *"A racionalidade orienta, mas não move; a ciência ilumina, mas não sacia"*.[19]

4. *AUTO-SUFICIÊNCIA / FRATERNIDADE*

O homem é a criatura que mais tempo possui de assistência paterna no curso da sua maturidade física e uma consequência direta disso é o seu considerável instinto gregário. Com o tempo, entretanto, ele começa a perceber que viver somente segundo as regras do rebanho onde se encontra implica em limitações para a sua evolução, pois o que mais se vê na sociedade é a conformidade, a apatia dos

---

[19] Eduardo Giannetti.

seus membros. Na dinâmica da individuação, a autossuficiência ocupa um papel relevante. O *Homo idealis* deve bastar-se a si próprio. Porém, auto-suficiência não deve ser confundida com autolatria, porque assim a consciência corre o risco de se tornar uma eterna ilha, não contribuindo plenamente para o progresso dos semelhantes. Estamos conectados às outras pessoas. Nossa essência é a mesma. Disso advém o fato de que, por maior que seja o nosso grau evolutivo, ainda assim estamos inseridos num todo-abrangente, intrinsecamente esclarecedor, assistencial, fraterno e ético. Se quisermos progredir, continuamente devemos entrar em concordância com essa realidade. *A fraternidade não-circunscrita é a pedra angular no caminho da serenidade.*

Poderia ser listado aqui muitos outros valores, contudo não é esta a intenção. Há múltiplos princípios, mas cada um reflete uma unidade subjacente a todos. Podemos compará-los também da maneira inversa: igual aos riachos que formam os rios os quais desembocam todos no oceano. O caminho mais próximo para chegarmos a essa unidade conosco mesmos indiscutivelmente é a busca do esclarecimento máximo advindo das inter-relações, do burilamento da ética, além da procura constante pela compreensão e vivência da multidimensionalidade e da captação dos *insights* que vêm do nosso íntimo. A vida continuamente tem algo a nos ensinar. Sempre devemos estar abertos ao novo, ao inusitado, pois a existência parece disto ser feita. Que os nossos valores não sejam estanques, mas sempre expansíveis. Senão regrediremos *ao* (ou permaneceremos *no?*) estado de *zumbi existencial*, prisioneiros da própria ignorância.

Emancipar-se é estabelecer seus próprios princípios. Se profundos e sinceros forem, validade universal terão. Que estes não sejam tomados de empréstimo à outrem, porque o aluguel a ser pago é bem conhecido: repeti-los igual a uma *aracanga*.

3.3 GREGARISMO IDEOLÓGICO INSTITUCIONAL *SUPER*VALORIZADO: *FASE* DO AUTO E HETEROCONHECIMENTO

Não me diga a que círculo pertences, pois assim antecipo vosso argumento.
Emerson

Ética. Sem exagero, podemos dizer que a consciência é o seu nível de ética: a qualificação do seu caráter. Este, por sua vez, é alavancado definitivamente quando o indivíduo – *ao entrar profundamente em si e esclarecer-se* – concomitantemente começa a *sair de si*, visando, da maneira mais clara e autêntica possível, ajudar seus semelhantes, conforme as oportunidades apareçam. *Ética: divã da lógica.*

Intencionalidade. Correlato da ética, a intencionalidade é o ponto de partida (positivo ou não) dos pensamentos, sentimentos e ações da consciência, cujos desdobramentos são conseqüência do seu nível de discernimento. Veja: uma consciência não passa de um *feto ético* se "decide" realizar alguma assistência com a intenção sutil de obter algo em troca (por exemplo, *evoluir*). *A assistencialidade genuína não se dá na forma de escambo; senão, não passa de mero assistencialismo.*

Grupalidade. Obviamente, um grupo só é de esclarecimento se os indivíduos que o compõe tenham um certo grau de bagagem evolutiva (sejam relativamente auto-suficientes, com PPE's avançados). É necessário em nosso estudo sobre dissidência e grupalidade, refletir sobre os limites desta, para a eliminação definitiva de qualquer tipo de *consciência de tribo* (criadora de muros). A idéia de que a grupalidade possa ter limites necessariamente não significa o seu fim. *Grupalidade não é sinônimo de grupocentrismo.*

Individualidade. Sob determinado enfoque, em nosso nível evolutivo, nós não somos *100%* individuais, senão provavelmente confundiríamos as coisas e nos tornaríamos ilhas totalmente isoladas, sem nenhum canal de comunicação (intersubjetividade). Uma parcela nossa é comunal, não-individualizada, *co*operativa, pois as outras consciências acabam tornando-se *parte* de nós, porque ininterruptamente *recaem* sobre nós. *Individualidade não é sinônimo de egocentrismo.*

Conexão. Realizo-me em toda a existência; e ela, em mim. O próximo está contido na existência, portanto, podemos incluí-lo na recíproca da frase anterior.

Dissidência. Uma das implicações mais diretas para o indivíduo da sua dissidência ante os vários grupos no transcorrer da sua existência, é a possibilidade do aperfeiçoamento da ética, da intencionalidade, do discernimento, porque as experiências e enfoques diversificam-se. Já para aquelas consciências adstritas ao gregarismo ideológico-institucional supervalorizado persiste uma forte convicção da vital importância de se permanecer agarrado - talvez de forma doentia - a alguma religião ou organização a fim de viabilizar a salvação ou o auto e heteroconhecimento sem limites, os quais, acreditam, não seriam possíveis de se obter fora do seu clã. Sob determinado prisma, uma religião - mesmo com intenções missionárias "positivas" (*darma*) - gera uma força (física; energética; intelectual; *espiritual*); a força gera poder; e o que é a guerra se não a luta pelo poder? Seria esta constatação apenas uma falácia lógica *krishnamurtiniana*? O conceito de grupalidade, quando bem compreendido, deixa de ser sinônimo de agrupamento físico. *A grupalidade ideológica-institucional supervalorizada é útil, porque alguns preferem paredes e muitos ainda precisam de muletas.*

Convergência. Não somos uma voz que clama no deserto ... Convergindo conosco está o professor da Universidade de Chicago, Cass Sunstein, o qual afirma que "a dissidência é crítica para o avanço da sociedade", e que "organizações e nações podem ser mais prósperas se acolherem a dissidência". Ainda segundo o pesquisador estado-unidense, "dissidentes são muitas vezes retratados como egoístas e desleais, porém aqueles que rejeitam pressões impostas por outros exercem uma valiosa função social, geralmente através do seu próprio dano. Isto é verdadeiro para dissidentes nas igrejas e universidades. Isto é verdadeiro para dissidentes na Casa Branca, Congresso e Suprema Corte. E isso é verdadeiro em tempos de guerra e de paz".[20]

Espaço. Apesar do tom das palavras anteriores, não existe aqui a intenção preconceituosa, limitada e sutil de afirmar peremptoriamente que aqueles que possuem propensão a serem independentes de qualquer grupo organizado ou sistema sejam superiores aos que vivenciam a grupalidade ideológica-institucional. Apenas pontuamos que há espaço para todos. *Uns são mais dados a proxêmica do que outros.* Dizer que o caminho escolhido é o único verdadeiro denota autopromoção imatura, *julgando o todo pela parte*, pois, por mais que tentemos, não sabemos quase nada a respeito do nosso devir (ainda bem!). O problema com o gregarismo ideológico-institucional é a sua tendência em se **super**valorizar, acabando por se tornar uma automimese

---

[20] *Why Societies Need Dissent* (Oliver Wendell Holmes Lectures). Retirado da descrição do livro feita pelo site www.amazon.com (tradução do autor)

coletiva dispensável. Para frisar, vejamos o que Zygmunt Bauman[21] diz:

" Esse tipo de unidade comunitária se funda na divisão, na segregação e na manutenção das distâncias. Essas são as virtudes que figuram com destaque nos folhetos de propaganda dos abrigos comunitários. Dado que essa insegurança, mediada pela canalização da ansiedade para cuidados com a proteção, é a causa principal da aflição para a qual o comunitarismo deveria ser o remédio – a comunidade do projeto comunitário só pode exacerbar a condição que promete corrigir. E o fará injetando mais força nas pressões atomizantes que foram, e continuam a ser, a fonte mais abundante da insegurança. Esse tipo de idéia comunitária também é o culpado em endossar e sancionar a escolha da proteção como lugar de confronto com as forças da dissenção e da insegurança – cooperando assim com o afastamento do interesse público em relação às verdadeiras fontes contemporâneas da ansiedade.

No curso desse tipo de articulação do propósito e da função da comunidade, os outros aspectos da comunidade que faltam à vida contemporânea (aqueles diretamente relevantes para as fontes dos problemas atuais) tendem a não ser tematizados e, portanto, a não entrar na agenda."

Pontas. Partindo do princípio de que cada objeto ou questão possui uma verdade intrínseca, inclusive a questão da mutabilidade, constatamos que a verdade relativa de ponta torna-se um *subconjunto* das **verdades imutáveis** (essência; maiêutica) **com pontas relativas** (aparência; sofística), dentro do *binômio imutabilidade-relativismo;* estas verdades, por sua vez, ao se intercomunicarem, formam o contexto da realidade consciencial (*teia da sabedoria);* se este contexto ficar, no indivíduo, muito discrepante com o do grupo, a dissidência anuncia-se.

Pontuação. Contudo, vociferar que o meu universo íntimo

---

[21] *Comunidade* (ver bib.).

ou a forma como *pontuo* a Verdade seja superior a de outrem - elegendo um conjunto particular de símbolos de expressão (por exemplo, científicos) mais adequado do que outros, em todas as circuntâncias existenciais - *no mínimo*, é mera presunção. Em nosso nível, (*in*)felizmente, nas conexões intersubjetivas - reflexo direto do panorama coletivo - a falta de compreeensão quase sempre campeia. *Não busquemos tão-só aprofundar a Conscienciologia, mas transcendê-la.*[22]

Convicção. Muitas vezes nossas convicções e experiências - recheadas de inconsistências, extravagâncias e preconceitos - são parciais demais para servirem de critério no estabelecimento do que é o melhor para a evolução alheia.

Insaciabilidade. Ponderemos - e acautelemo-nos - sobre a gurulatria (in)consciente e insaciável: de onde vem a mania de se fazer multiplicável (clone) por meio dos outros? De viver *papagueando* sutilmente: "seja semelhante a mim", "seja semelhante a mim"? Um ego não é o bastante? Deixai, da maneira mais autêntica e alegre, que os demais sigam o curso da existência a seu modo, ao som do seu próprio tambor. O diferente nem sempre é pior ou melhor. Apenas é diferente. *A consciência verdadeiramente esclarecida não é ávida por discípulos.*

Sistema. Não é através de novas instituições ou sistemas que a sociedade evoluirá, porque, se assim o fosse, o mundo já deveria ser um paraíso há muito tempo, porque milhares de sistemas e instituições - com suas respectivas ideocosmologias - existem, cada uma *vendendo o seu peixe* no grande balcão da avidez humana. O erro ou acerto não está no capitalismo-individualismo, comunismo-personalismo, catolicismo, islamismo, misticismo ou ateísmo; na teologia, psicologia ou conscienciologia; na logosofia, teosofia ou filosofia;

---

[22] *700 Experimentos da Conscienciologia* (ver bib.)

enfim, nos "ismos", "logias" e "sofias", e sim *nas pessoas* (processos) que formam e vivenciam esses "ismos", "logias" e "sofias" (produtos). Por mais que se esperneie - alegando linearidade e reducionismo - não há como fugirmos desse fato: a evolução coletiva é o somatório da evolução de cada consciência, e a evolução de cada consciência é, em última instância, individual, singular. *A grande Singularidade não é egoísta; ela permite a existência de infinitas alteridades em seu bojo.* A Teoria dos 100 Macacos é válida porque verificada na prática. A maxidissidência consciencial não acontece por atacado, por mais que as homilias queiram o contrário. Perceber isso não é estar com o ego encapsulado (obnubilado), mas sim é estar com o ego esclarecido (lúcido). *Singularidade: fantasma do doutrinador.*

Evangelização. Sob determinado enfoque, a diferença básica existente entre uma religião institucionalizada ortodoxa ou partido político compostos por milhões de membros e um grupo organizado heterodoxo (quer seja místico, psíquico, científico ou até mesmo filosófico) com centenas de componentes, é apenas de escala numérica e territorial, pois, o que eles buscam, *entre outras coisas,* conscientemente (de forma explícita) ou não (de maneira sutil) é, em essência, o mesmo: fazer com que os que estão do lado de fora do seu quintal *conheçam, aceitem e apliquem* seus procedimentos e valores. Repetindo: o diferente nem sempre é pior ou melhor, é apenas diferente. *Qualquer paradigma, por mais vasto, é limitado e lacunar.*

Utopia. A sociedade ideal, para algumas consciências, seria aquela livre de certos grupos e organizações de *bitolados,* que pateticamente lutam pela catequização-imposição entre si. Indivíduos lúcidos, sem rótulos, com real compreensão do que é a interdependência, fraternos e livres de todo e qualquer sutil preconceito ainda são uma raridade neste reduto da galáxia.

Elevação. O que explanamos aqui não é uma apologia ao eremitismo alienado e à misantropia infantil atávica. Longe disso. *Os GEEs não surgem ao acaso no mundo; eles têm uma função para o indivíduo.* A consciência esclarecida, para poder realizar-se e de alguma forma contribuir na heterorealização, necessariamente deve ter o campo de atuação fincado no solo da sociedade (na maioria das vezes pedregoso, se "espiritualmente" agrupado e institucionalizado). O objetivo não deve ser o *distanciamento inter*consciencial egóico, mas sim a *elevação intra*consciencial plena. Se a consciência possui uma autoconvivência sadia, pertencer ou não a um grupo específico torna-se circunstancial.

Reconhecimento. Concordamos que os grupos ideológico-institucionais são úteis e indispensáveis na evolução da consciência, possuindo, entretanto, duração finita e limitada no que tange ao autoconhecimento. Durante o seu convívio, geralmente agimos *apenas* de acordo com o aforismo: *Vae soli!*

Singularidade. Posteriormente, já no caminho *intraconsciencial* totalmente livre e singular a que estamos destinados - transcendendo a prosaica mas inevitável *"lei de gravitação dos espíritos"* -, visamos atingir o equilíbrio, agregando com bom humor a máxima: *Ne te quaesiveris extra!* Ainda que Maffesoli[23] proponha que, em nossa pós-modernidade, *"o indivíduo não é, ou não é mais, mestre de si"*; que o *principium individuationis* esteja superado ...

Harmonia. O assunto da pesquisa (*Dissidência Conscienciossocial*), além de polêmico, não é muito palatável. Alguns podem considerá-lo secundário ou

---

[23] *O Tempo das Tribos* (ver bib.).

impertinente. Talvez seria mais fácil e prazeroso redigir o antônimo (*Convergência Conscienciossocial*). Contudo, é um fato que, para autenticamente vivenciarmos alguma condição (por exemplo, a harmonia) devemos necessária e profundamente compreender o seu oposto (a desarmonia). Ironicamente, para podermos somar de forma positiva, é provável que tenhamos de exercer a divisão não-negativa; para alcançarmos a convergência social autêntica, caminhamos pelo tortuoso caminho da divergência (*coincidentia oppositorum*). Segundo Emerson, "*seremos mais uns dos outros apenas quando formos mais de nós mesmos*".[24] É o preço que pagamos ao autoconhecimento e à emancipação.

Conflito. Lewis Coser[25] salientou que o conflito, longe de ser prejudicial, é o fundamento de uma comunidade saudável, pois é através dele que as diferenças ficam evidentes e que a partir deste reconhecimento é que pode surgir algum tipo de consenso, mesmo que - por natureza - passageiro. Esse "atrito" mantém a comunidade viva e alerta, ao contrário da falsa unidade propalada pelo comunitarismo – e também verificada nos *trabalhos de equipe*, muito em voga no meio empresarial -, com sua irreal partilha de valores e motivações "em comum".

Convergência. Na *emancipaciolândia*, as consciências, ao transcenderem o domínio da oposição dialética e seus subprodutos institucionalizados, *coexistem* autônomas, completas e coesas no *kósmos*, produzindo assim uma *coexistencialialiade sadia* (Convergência Conscienciossocial), a qual, provavelmente, já está sendo vislumbrada pela prospectiva.

---

[24] Ensaios (ver bib.)
[25] *The Functions of Social Conflit* (ver bib.).

Tarefa. Vivenciar - além do simples jogo dualístico e ambíguo das palavras - a impessoalidade no indivíduo e a singularidade no impessoal, rumo à prática do amor puro e da pacificação genuína. Eis a nossa contínua e prazerosa "tarefa".

EPÍLOGO

Na linguagem do *Ser*, tempo e espaço não são obstáculos para uma efetiva comunhão de percepções. Por exemplo: o taoísmo, o neoplatonismo e o transcendentalismo norte-americano, mesmo *vindo à tona* em diferentes épocas e contextos sociais, apresentam certa semelhança, sendo possível que alguns dos seus *porta-vozes* sejam as mesmas consciências que se auto-revezam nas existências físicas. Chuang-Tzu, Plotino e Emerson, com muita propriedade, expressaram algumas constatações aqui transcritas, as quais, em alguns momentos, este livro modestamente *faz eco*:

"*Chuang-Tzu e Houei-Tzu passeavam sobre uma ponte do rio Hao. Chuang-Tzu diz:*

- *Vede como as carpas passeiam completamente à vontade! Aí está a alegria dos peixes.*
- *Não sois um peixe, diz Houei-Tzu. Como sabeis o que constitui a alegria dos peixes?*
- *Não sois eu, replica Chuang-Tzu. Como sabeis que eu não sei o que constitui a alegria dos peixes?*" [26]

- - - - - - - - - -

"*Plotino era vividamente cônscio de que a personalidade, o verdadeiro "Eu", não é essencialmente do nosso mundo do senso comum; entretanto, ele estava igualmente cônscio de que nós não temos que abandonar este mundo para reivindicar pela dimensão espiritual de nossas vidas. Seu "mundo espiritual" não é um supra-terrestre ou supra-cósmico lugar do qual se origina a imensidão do espaço estendido e a densidade de corpos*

---
[26] *Os Mestres do Tao* (ver bib.)

separados do verdadeiro eu. Este é a topografia interna do eu, cujas camadas descontínuas podem ser reveladas imediatamente através de uma profunda comunhão interior ... Esta dimensão de realização não é, exceto metaforicamente, um mundo acima do dia-a-dia do mundo. Ela é o dia-a-dia do mundo – não experienciado pelo sentido, pela opinião ou pelo raciocínio obscuro – mas conhecido ... pela mais alta capacidade de conhecimento." [27]

"Cada mente nova é uma nova classificação. Se prova ser uma de atividade e poder incomuns, um Locke ou um Fourier, impõe sua classificação aos outros homens, e eis um novo sistema. O aluno saboreia tanto prazer em subordinar todas as coisas à nova terminologia quanto uma jovem que acaba de aprender botânica e sai a ver uma nova terra e novas estações desse modo. Durante algum tempo, constatará que seu poder intelectual cresceu graças ao estudo daquilo que produz a mente de seu mestre. Mas em todas as consciências desequilibradas, a classificação é idolatrada, aceita como fim e não como um meio rapidamente exaurível, de sorte que os muros do sistema confundem-se, a seus olhos, com os muros do universo ..." [28]

ABREVIATURAS E SIGLAS

[27] *The Enneads* (ver bib.; tradução do autor)
[28] *Ensaios* (ver bib.)

a.C. = antes de Cristo
bib. = bibliografia
E.U.A. = Estados Unidos da América
fr. = idioma francês
GEE = Grupo Evolutivo de Esclarecimento
gr. = idioma grego
ing. = idioma inglês
lat. = idioma latim
p. = página ou páginas
PhD = Doctor in Philosophy
PPE's = Princípios Pessoais Emancipadores
rus. = idioma russo
sânsc. = idioma sânscrito
U.R.S.S. = União das Repúblicas Socialistas Soviéticas.

BIBLIOGRAFIA

01. ABBAGNANO, Nicola; *Dicionário de Filosofia*; Editora Martins Fontes; São Paulo; 1999.

02. BALLACHEY, Egerton L., CRUTCHFIELD, Richard S., KRECH, David; *Grupos, Organizações e o Indivíduo*; Editora Livraria Pioneira; Rio de Janeirto; 1975.

03. BALONA, Málu; *Síndrome do Estrangeiro*; IIPC; Rio de Janeiro; 1997.

03. BAUMAN, Zygmunt; *Comunidade*; Jorge Zahar Editor; Rio de Janeiro; 2003.

04. BRUNTON, Paul; *A Busca*; Editora Pensamento; São Paulo; 1994.

05. ____; *Idéias em Perspectiva*; Editora Pensamento; São Paulo; 1993.

06. ____; *The Sensitives - Dynamics and Dangers of Mysticism*; Larson Publications; New York; 1987.

07. **CAPRA, Fritjof**; *O Ponto de Mutação*; Editora Cultrix; São Paulo; 1994.

08. **COSER, Lewis**; *The Functions of Social Conflit*; Free Press; Nova York; 1976.

09. **EINSTEIN, Albert**; *Como Vejo o Mundo*; Editora Nova Fronteira; São Paulo; 1987.

10. **EMERSON, Ralph W.**; *Ensaios*; Editora Imago; Rio de Janeiro; 1994.

11. **GIANNETTI, Eduardo**; *Auto-Engano*; Companhia das letras; São Paulo; 1997.

12. **KANTOR, J. R.**; *La evolución científica de la psicologia*; Editorial Trillas; México; 1990.

13. **KRISHNAMURTI, Jiddu, BOHM, David**; *O Futuro da Humanidade*; Editora Cultrix; São Paulo; 1986.

14. **MACKENNA, Stephen**; *Plotinus, The Enneads*; Larson Publications; New York; 1992.

15. **MAFFESOLI, Michel**; *O Tempo das Tribos*; Forense Universitária; São Paulo; 2002.

16. **MAHLER, Margaret**; *O processo de individuação-separação*; Editora Artes Médicas; Porto Alegre; 1982.

17. **MERLEAU-PONTY, Maurice**; *Fenomenologia da Percepção*; Editora Martins Fontes; São Paulo; 1996.

18. **NORMAND, Henry**; *Os Mestres do TAO*; Editora Pensamento; São Paulo; 1985.

19. **RANCIÉRE, Jacques**; *O desentendimento;* Editora 34; São Paulo; 1996.

20. **SCHELER, Max**; *Visão Filosófica do Mundo;* Editora Perspectiva; São Paulo; 1986.

21. **SUNSTEIN, Cass**; *Why Societes Need Dissent (Oliver Wendell Holmes Lectures)*; Harvard University Press; Cambridge; 2003.

22. **THOREAU, Henry D.**; *Desobediência Civil e Walden*; Editora Tecnoprint; Rio de Janeiro.

23. **VIEIRA, Waldo**; *700 Experimentos da Conscienciologia*; IIPC; Rio de Janeiro; 1994.

24. ____; *Projeções da Consciência*; IIPC; Rio de Janeiro; 1995.

25. **WEBER, Renée**; *Diálogos com Cientistas e Sábios*; Editora Cultrix; São Paulo; 1991.

ESTRANGEIRISMOS

A priori (Lat.) - Segundo um princípio anterior à experiência e que não é passível de explicação.

After the storm, the calm (Ing.) - *Após a tempestade, vem a bonança.*

Brainstorming (Ing.) - Livre debate onde os participantes dão idéias e sugestões; *vendaval de idéias.*

Coincidentia oppositorum (Lat) - Conjunção dos opostos que se complementam.

Darma (Sânsc.) – Carma positivo.

De omni re scibili, et quibusdam aliis (Lat.) - *De todas as coisas sabíveis e de mais algumas.* Cita-se a propósito de pessoas que pretendem saber tudo.

Enciclopédie (Fr.) – *Enciclopédia.*

Habent sua fata libelli (Lat.) - *Os livros têm o seu destino.*

Habitat (Lat.) – Ambiente natural.

Hoc unum scio, me nihil scire (Lat.) - *Uma coisa eu sei: que nada sei.*

Homo idealis (Lat.) - *Homem ideal.*

Homo sapiens (Lat.) - *Homem que sabe.*

Intelligentsia (Rus.) - Os intelectuais considerados enquanto grupo; elite científica, artística, social ou política.

Internet (Ing.) - *International Network* (rede internacional de trabalho; informática).

Insight (Ing.) - *Vislumbre*; revelação; entendimento.

Karma (Sânsc.) – *Carma*; princípio de ação e reação ética.

Kósmos (Gr.) – *Cosmos*, universo.

Liberté, Igualité, Fraternité (Fr.) - *Liberdade, Igualdade, Fraternidade.*

Libido dominandi (Lat.) - Desejo de poder; violência legítima.

Maya (Sânsc.) – *Ilusão.*

Modus operandi (Lat.) - *Modo de operação*; procedimento.

Ne te quaesiveris extra (Lat.) - *Não te busques fora de ti mesmo.*

Notebook (Ing.) - *Livro de anotações*; computador portátil.

Ore rotundo (Lat.) - *Com a boca arredondada*, isto é, em sentido figurado, numa linguagem harmoniosa.

Persona (Lat.) – *Pessoa; personalidade.*

Personal Computer (Ing.) – *Computador pessoal.*

Principium individuationis (Lat.) – Princípio de individuação.

Práxis (Gr..) – *Prática*; uso estabelecido.

Psyche (Lat.) - Psique, mente ou alma.

Slogan (Ing.) - Palavra ou frase usada com frequência em geral associada a propaganda comercial, política ou de outro gênero.

Start (Ing.) – *Início.*

Status (Lat.) - Conjunto de direitos e deveres que caracterizam a posição de uma pessoa em suas relações com as outras.

Sub specie aeternitatis (Lat.) - *Sob a ótica da eternidade.*

Upgrade (Ing.) – Subir de patamar; troca por coisa melhor.

Vae soli! (Lat.) - *Ai do solitário!* Citado para lembrar a fraqueza do indivíduo que não pode contar com ninguém.

Welfare State (Ing.) - Estado do Bem-Estar Social.

WWW - World Wide Web (Ing.) - *Grande teia mundial* (internet).

www.ingramcontent.com/pod-product-compliance
Lightning Source LLC
Chambersburg PA
CBHW071310040426
42444CB00009B/1967